意大利玩全指南
ITALY GUIDE & MAP

林玉绪 著

中国旅游出版社

●●●● **目录**
意大利玩全指南
Contents

本书实用指南

★分区导览图示解读原则

旅游重点
景点或商店的功能指示，此处有赏玩买食宿享游七种，提供读者参考。

景点特色
景点或商店的特色说明。

介绍文
关于景点或店家的重点介绍。

景点名称
景点或商店名称。

地图坐标
景点或商店位置的地图所在页码与索引坐标。

DATA
景点或商店的基本资讯，如地址、电话等。

★景点功能图示原则

赏　食　玩　宿　买　享　游

★DATA图示解读原则

地 景点或店家的地址。
电 景点或店家的联络电话，空格前为当地区号。
时 景点或店家的营业开放时间。
网 景点或店家可供查询的网址。
交 前往景点或店家的交通方式。
消 标示店家的消费费用。
票 标示景点的门票、入场费用。
注 标示景点或店家的注意事项。

→ Area Map 分区地图检索

认识意大利

历史上的意大利

在罗马强大之前，意大利半岛上散居着土著居民，其中分布在中部一带的伊特鲁里亚人（Etrusco）势力最大，他们没有发展成国家的形式，因此殖民地纷纷被后来兴起的罗马人蚕食鲸吞。公元27年屋大维（Ottavio）称帝，被封为奥古斯都（Augusto），罗马由共和变成帝国，势力由原本台伯河畔的小渔村发展为覆盖整个环地中海地带的强国，为新的占领地带来了市集、公共浴场、圆形剧场、圆拱水道等典型的罗马式建设。不过庞大的领域与争夺帝位产生的紊乱，使帝国分成东西两半，公元476年西罗马帝国遭到蛮族入侵灭亡，在帝国末期逐渐壮大的基督教会开始深入分崩离析的意大利，在长达千年的黑暗时期成为人们精神寄托的中心。

中古世纪来自日耳曼的腓特烈大帝（Federico II）一统南意，把国都定在西西里岛的巴勒莫。腓特烈大帝礼遇贤才并提倡科学文艺，他的朝廷是当时受教会钳制世界的一盏明灯。后来他因与罗马教宗作对而战败受伤致死，南意最辉煌的岁月也戛然而止，从此进入漫长的外族领主封建时期；北意城邦国中的佛罗伦萨取而代之，在梅第奇（Medici）家族的主导之下，14世纪文艺复兴在此绽放花朵，而种子则向各地飘散，最后在罗马天主教的国都中结出最亮眼的果实。

罗马帝国衰亡后，南北意的发展从此便分道扬镳。南意虽是统一的王国，却被法国、日耳曼、西班牙等外族长期统治，北意由各个家族占领，带着极强的个人特色，彼此之间横隔着擅于在政治舞台上翻云覆雨的罗马教会。当欧洲各地出现统一的民族国家之时，意大利半岛上仍呈现各个势力相互角力的混乱景象。1800年拿破仑占领整个意大利，时间虽然短暂，却播下了建立统一国家的思想。之后，在中兴思潮的推动之下，加里波第（Garibaldi）、加富尔（Cavour）、马志尼（Mazzini）建国三杰终于在1870年完成大业，建立统一的意大利共和国。

今日意大利

轴心国，并于1943年率先投降。第二次世界大战中，墨索里尼（Mussolini）的法西斯统治让意大利卷入了，战后至60年代初，意大利经济发展较快，60年代后期曾一度经济停滞；70年代后，实行经济紧缩政策后，国民生产总值缓慢回升。

意大利是北约和欧共体重要成员国，1970年11月6日，中意建交。

意大利小档案

【地理位置】	位处南欧地中海的中央地带，国土形似一只长靴，包含撒丁、西西里两个主要大岛，面积约30万平方公里；北部与法国、瑞士、奥地利、斯洛文尼亚接壤，其余皆被地中海环绕。境内有两个独立小国，梵蒂冈与圣马力诺。
【人　　口】	约5900万人（2008年3月）
【国民平均所得】	约35000美元（2008年3月）
【官方语言】 意大利语	**【通用货币】** 欧元（Euro）
【与中国时差】	3月最后一个周日~10月最后一个周日，北京时间减6小时为当地时间，其余日期北京时间减7小时为当地时间。

意大利全图

N

SWITZERLAND 瑞士

AUSTRIA 奥地利

SLOVENIA 斯洛文尼亚

Veneto 威尼托

Milano米兰　　Verona维罗纳　　Venezia威尼斯

Pavia帕维亚　　　　　　　Padova帕多瓦
Torino都灵　　Sirmione锡尔苗内
　　　　Cremona克雷蒙纳　　Mantova曼托瓦
　　　　Parma帕尔马

Genova热那亚　　Bologna博洛尼亚

FRANCE 法国　　Cinque Terre五渔村　　Ravenna拉韦纳

Emilia-Romagna 艾米利亚-罗马涅

SAN MARINO 圣马力诺

Firenze佛罗伦萨

Pisa比萨

San Gimignano圣吉米亚诺　　**Toscana** 托斯卡纳

Siena锡耶纳

Perugia佩鲁贾　　Assisi阿西西

Umbria 翁布里亚

Piemonte 皮埃蒙特

Corsica 科西嘉

Adriatic Sea 亚得里亚海

Tivoli蒂沃利

Roma罗马

Ostia Antica 奥斯蒂亚古城

Castel del Monte 山上的城堡

Morise 莫利塞

Campobasso 坎波巴索

Trani特拉尼

CITTÀ DEL VATICANO 梵蒂冈

Bari巴里

Puglia 普利亚

Napoli那波利

Alberobello 阿尔贝罗贝洛

Pompei庞贝

Matera马泰拉

Sorrento索伦托

Lecce莱切

Capri卡普里

Basilicata 巴西利卡塔

Otranto奥特朗托

Sardegna 撒丁

Costiera Amalfitara阿马尔菲海岸

Tyrrhenian Sea 第勒尼安海

Palermo巴勒莫　　Cefalù切法卢

Ionian Sea 伊奥尼亚海

Erice埃里切

Trapani特拉帕尼

Taormina陶尔米纳

Sicilia 西西里岛

Catania卡塔尼亚

Agrigento阿格里真托

Siracusa锡拉库萨

Mediterranena Sea 地中海

Villa del Casale 农庄别墅

Part 1
行前准备

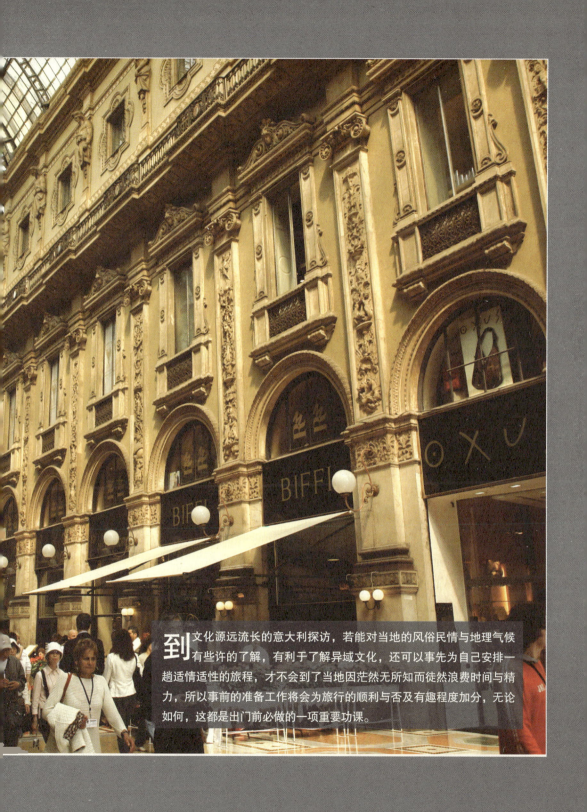

到文化源远流长的意大利探访，若能对当地的风俗民情与地理气候有些许的了解，有利于了解异域文化，还可以事先为自己安排一趟适情适性的旅程，才不会到了当地因茫然无所知而徒然浪费时间与精力，所以事前的准备工作将会为旅行的顺利与否及有趣程度加分，无论如何，这都是出门前必做的一项重要功课。

行前须知

1 随时随地说"Ciao"

　　意大利语的语法虽复杂，不过"Ciao"是最好用的招呼语，它可以解释为"你好"或"再见"，所以见面与分别时都可用，跟认识或初次见面的人也能说。意大利人天生热情好客，打招呼时经常都会亲吻两颊，顺便加上一声Ciao，因此不管会不会说意大利话，把Ciao挂在嘴边都会拉近彼此的距离。

2 不要接近陌生人！

　　一般来说，意大利的治安还算良好，但若在南意大利城那波利就要特别注意，因为失业率高的缘故，常见许多年轻人两两双载，骑着Scooter在大街小巷乱窜，伺机抢夺路人的皮包。所以最好不要落单或是走进人烟稀少的巷道，包包务必背在前面或外套里，照相机或摄影机更要小心，这是他们最喜欢下手的目标，在听到Scooter的引擎声时，最好

快闪。至于在大城的火车站则要小心小偷，路上有人要检查护照时也别轻易拿出来，因为很可能是冒牌警察，可以随身携带护照复印件替代。

3 标价已经含税了吗？

　　意大利的税都已内含，所以标价上写明多少就付多少，讨价还价的习惯在此并不盛行。不过露天的摊贩或是佛罗伦萨的皮件市场，还有某些个人经营的小店，若购买的商品数量众多或是物品的单价很高，店家就会给一点折扣。一般在店里面买东西，除了百货公司或大型卖场以外，最好请店员为你服务，不要自己随便乱拿，若想要

动手试试质感，可以先问对方："Posso？"而且要尊重先来后到的排队顺序，等前一位顾客买完之后再提出自己的要求。

4 几点用餐才对时?

意大利人吃饭的时间都很晚,13:00左右吃午餐,20:00左右吃晚餐,饭前经常会到酒吧(Bar)喝杯开胃酒。现在有些观光大城的餐厅开门较早,不过通常意大利餐馆的午餐营业时间都是12:30~14:30、晚餐营业时间则是19:30~半夜,越往南部时间就越晚。

5 餐厅、咖啡馆座位要收费

在餐厅用完餐后付账时,座位费与服务费皆已包含在账单里,因此无须额外多给,除非对方真的让你满意得不得了;喝咖啡也是一样,站在柜台喝比较便宜,坐下来就要收取座位费(coperto),著名景点的露天咖啡座收取的座位费很高,不过你可以爱坐多久就坐多久。

6 自来水可以生饮吗?

意大利的自来水可以生饮,不过石灰质的含量很高,最好沉淀一下再饮用。瓶装矿泉水在酒吧与超级市场都可买到,有含气(frizzante)与不含气(naturale)之分,到餐厅吃饭点水时服务生也会问,可以用"gas"与"non gas"来回答。至于在市区街道也会有一些类似的小喷泉供应饮水,一般来说都可以生饮,不能生饮的会特别标着"Acqua non portabile"。

7 别碰开放式摊位上的水果!

在开放式的摊位买生鲜蔬果,务必请店家拿给你,不要动手乱捏乱碰,若是在超级市场买水果,旁边会备有塑料袋及塑料手套,请戴上手套后再挑选。意大利是以千克计重,水果的标价牌上有一个数字,那就是磅秤上的对照号码,只要放上去再按下贴着这个号码的按键,就会自动吐出价格条形码,把它贴在袋子上再拿去结账即可。

8 中午休息多久?

位于南欧的意大利夏季日照极长,21:30太阳才下山,虽然罗马、米兰、威尼斯、佛罗伦萨等大城已有很多店家采用连续工作时数,所以中午不会打烊,然而许多小城与南意仍维持着3~4小时的午休习惯,甚至连博物馆也不例外,所以最好提前确定前往的时间,以免到时候被关在门外;或者你也可以找家景观很好的露天餐厅或咖啡座,和当地人一样,享受慵懒的午后阳光。

旅游资讯速览

● 旅游旺季　● 一般旅游季节
● 旅游淡季　● 活动节庆

季节	春			夏		
	3月	**4**月	**5**月	**6**月	**7**月	**8**月
	上 中 下	上 中 下	上 中 下	上 中 下	上 中 下	上 中

威尼斯

一般旅游季节 气温平均9℃～14℃，除了御寒外套之外，因为正值气候转变，最好准备雨具。一般来说这段时间旅馆都不会客满，所以价格也比较合理。

活动节庆 4/25 圣马可日，有贡多拉竞赛。

旅游旺季 气温平均20℃～25℃，因为靠海湿热，最好穿透气的棉质衣物。这段时间在威尼斯本岛的旅馆经常客满，时常一位难求。

活动节庆 6月～9月，威尼斯双年展（两年举办一次）。

米兰

一般旅游季节 气温平均7℃～18℃，早晚温差很大，保暖的工作还是要注意。接近春天尾声时，天气多变，雨具也要准备好。除了服装展活动期间以外，米兰的住宿都不难找。

活动节庆 3月上旬，秋冬服装展。

旅游旺季 虽说气温大部分平均在23℃上下，不过最热的时候有可能接近40℃，以凉爽的夏季穿着为佳。因为是大都会，住宿不会难找，不过平价的旅馆较易客满。

佛罗伦萨

旅游旺季 气温平均9℃～20℃，早晚温差大，而且春夏交替之际，天气多变，薄外套与雨具是必备的。这时的游客以欧洲人为大宗，市区的旅馆约有九成的住房率。

活动节庆 3月或4月初，耶稣复活日爆竹车烟火秀。

旅游旺季 气温平均25℃～28℃，但盆地地形有时甚至会超过40℃，透气凉爽的穿着最适宜。这时博物馆多大排长龙，最好事先预约。市区旅馆也经常客满，价格也不便宜。

活动节庆 6/16、6/24、6/30，圣十字教堂前广场之古装足球赛。

罗马

旅游旺季 气温平均12℃～18℃，天气不稳定又有冬末寒意的延伸，最好准备一件轻巧的毛衣与雨具。此时很多欧洲学校都来做春季旅行，平价的旅馆经常客满，三星以上的比较好找。

活动节庆 3月或4月初耶稣复活日，在圣彼得广场教宗举行圣祝仪式。

旅游旺季 气温平均26℃～30℃，但近几年受全球气候变暖的影响，罗马夏季高温有突破40℃的纪录，需预备防晒与透气棉质衣物。此时所有的著名景点几乎人满为患，博物馆最好先行预约。市区旅馆经常客满，价格高涨。

活动节庆 6/29圣彼得日，在各个教堂有不同的庆祝仪式。

那波利

旅游淡季 气温平均15℃～19℃，凉爽的季节最适合在露天咖啡馆坐坐，预备一件薄外套即可。这时的住宿非常好找，价格也低。

活动节庆 3月或4月初耶稣复活日，宗教仪式游行。

旅游旺季 气温平均31℃、32℃，因为靠海比较湿热，防晒与透气凉爽衣物是必备，碧海蓝天吸引了大量游客潮，然而很多人都住在外围小镇，市中心的旅馆还不至于一房难求。

活动节庆 8/15圣母升天日，在海边大吃西瓜。

秋			冬		
9月	**10**月	**11**月	**12**月	**1**月	**2**月
上 中 下	上 中 下	上 中 下	上 中 下	上 中 下	上 中 下

旅游旺季 气温平均15℃～19℃，正值气候转变之际，最好准备一件薄外套及雨具。相对于夏季的拥挤，这时的水都逐渐恢复平静，住宿也好找多了。

活动节庆 9月上旬，威尼斯影展。9月第一个礼拜天，竞渡赛。

一般旅游季节 气温平均8℃～15℃，晴朗的天气经常穿插着起雾与下雨的日子，一件薄外套与雨具是必备的。除了服装展或商展期间外，旅馆很好找。

活动节庆 10月上旬，春夏服装展。

旅游旺季 气温平均15℃～20℃，虽然秋高气爽，但早晚温差较大且气候多变，薄外套与雨具还是要准备好。这时的游客量仍很多，但是旅馆比夏天要好找一点。

旅游旺季 气温平均16℃～24℃，凉爽的季节极适于拜访罗马，不过秋冬交替之际，气候不太稳定，雨具最好带着。游客量仍很多，博物馆与景点仍挤满人，但比夏天要好找一点，所以住宿也比较好找，但价位仍高。

活动节庆 11月底，花的广场 (Campo de' Fiori) 有品酒活动。

一般旅游季节 气温平均18℃～26℃，天气仍很潮湿，10月甚至还可在海边游泳，所以透气凉爽的穿着仍适宜，游客量比起夏季要少多了，住宿很好找。

一般旅游季节 气温平均3℃～5℃，冬天的水都经常起雾飘雨，御寒衣物与雨具都需备妥，最好带上帽子与手套。游客量虽不多，但嘉年华期间会突然暴增，旅馆几乎在半年前就被预订一空，而且价格是平常的两倍。

活动节庆 2月嘉年华，面具化装，有些宫殿还有化装舞会与晚餐。

旅游淡季 气温平均2℃～4℃，米兰的冬天会下几场雪，御寒的衣物、帽子、手套最好预备。这时的空房很多，费用也便宜。

活动节庆 12/7，圣安布鲁乔日，在圣安布鲁乔教堂周遭的街道有市集。

旅游淡季 气温平均6℃～10℃，冬天的百花城经常飘着细雨，偶尔还下场雪，御寒衣物与雨具都要备，这时的旅馆好找多了，价格也低一点。

一般旅游季节 气温平均10℃～12℃，罗马的冬天虽冷，但不到严寒的地步，一般的保暖外套即可，这时是罗马游客最少的季节，旅馆很好找，价格也降下来了。

活动节庆 12/24平安夜，在很多教堂都有午夜弥撒。12/25圣诞节，圣彼得广场举行教宗圣祝仪式。

旅游淡季 气温平均12℃、13℃左右，准备外套或毛衣即可，这时的游客量很少，住宿可享折扣。

活动节庆 12/8纯洁圣母受孕日，开始推出一系列耶稣诞生于马槽的模型。

行程建议

地形狭长的意大利，由于分崩离析的历史，文化非常深厚多元。由北到南走一遭，技术上并不困难，但是在分秒必争的现代社会，大家的假期都有限，想要真正体验它的美，宁可挑选重点精华而不要蜻蜓点水。条件许可，最好是分几次分别去不同的区域，因为只有怀有一颗悠闲的心，才能看进这个美丽国家的灵魂里。

意大利精华全览18日 | 适合族群：
初次前往却想要深入体验意大利者

这趟行程从最南的西西里走到最北的米兰，天数太长，到最后可能会走得筋疲力尽。但是此线路撷取精华，意大利南北最具代表的城市几乎全包含在内。

第一天	从国内出发
第二天	到达西西里岛首府巴勒莫

<u>游玩重点</u> 走访巴勒莫（Palermo，见P146）市区

第三天	巴勒莫（搭火车约2小时）
	↓
	阿格里真托

<u>游玩重点</u> 走访阿格里真托（Agrigento，见P154）迷人的神殿谷

第四天	阿格里真托（搭火车约5小时）
	↓
	锡拉库萨

<u>游玩重点</u> 走访锡拉库萨（Siracusa，见P160）中古世纪的奥提伽区与尼亚波利考古园区

第五天	锡拉库萨（搭火车约1小时50分）
	↓
	陶尔米纳

<u>游玩重点</u> 走访陶尔米纳（Taormina，见P164）可爱的市区与古希腊剧场

第六天	陶尔米纳（搭夜班火车约8~9小时）
	↓
	那波利

<u>游玩重点</u> 走访那波利（Napoli，见P120）市区

第七天　那波利（搭环维苏威线小火车约40分钟）
↓
庞贝
游玩重点 走访死城庞贝（Pompei，见P126）
↓
索伦托
游玩重点 走访索伦托（Sorrento，见P127）
小巧的市区

第八天　索伦托（搭快船20分钟）
↓
卡普里（搭船约1小时）
游玩重点 走访卡普里（Capri，见P129）
岛上景点
↓
阿马尔菲海岸（搭巴士约2小时）
游玩重点 走访天堂之海阿马尔菲海岸（Costiera Amalfitana，见P128）
↓

第九天　索伦托（搭环维苏威线+意大利国铁约3个半小时）
↓
罗马
游玩重点 走访帝国罗马遗迹（见P42）

第十天　罗马
游玩重点 走访梵蒂冈（Vaticano，见P56）与巴洛克罗马（见P46）

第十一天　罗马（搭火车约2个半小时）
↓
佛罗伦萨
游玩重点 走访佛罗伦萨（Firenze，见P88）阿尔诺河右岸

第十二天　佛罗伦萨（搭火车约1小时）
↓
比萨
游玩重点 走访比萨（Pisa，P98）市区
↓
佛罗伦萨
游玩重点 走访佛罗伦萨（Firenze，见P96）阿尔诺河左岸

第十三天　佛罗伦萨（搭火车约1小时）
↓
博洛尼亚
游玩重点 走访博洛尼亚（Bologna，P102）市区

第十四天　佛罗伦萨（搭火车约1小时）
↓
威尼斯
游玩重点 走访威尼斯（Venezia，见P74）市区

第十五天　威尼斯
游玩重点 走访威尼斯市区与外岛

第十六天　威尼斯（搭火车约1小时半）
↓
维罗纳（搭火车约1小时40分）
游玩重点 走访维罗纳（Verona，见P85）
↓
米兰
游玩重点 走访米兰（Milano，见P60）市区

第十七天　米兰起程

第十八天　回到中国

意大利重点城市精致12日游

适合族群：
初次前往而想要浅尝意大利者

这趟行程的重点主要是北意的大城，可以使假期有限的旅者，在很短的时间内，对这个国家建立起基本的概念。

第一天 从国内出发

第二天 到达罗马

> `游玩重点` 走访帝国罗马景点（见P42）

第三天 巴勒莫（搭火车约2小时）
↓
阿格里真托

> `游玩重点` 走访梵蒂冈（见P56）与巴洛克罗马景点（见P46）

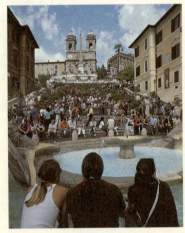

第四天 罗马（搭意大利国铁+环维苏威线约3小时10分）
↓
庞贝（搭环维苏威线小火车约30分）

> `游玩重点` 走访死城庞贝（见P126）

↓
索伦托

> `游玩重点` 走访索伦托（见P127）小巧的市区

第五天 索伦托（搭快船20分钟）
↓
卡普里（搭船约1小时）

> `游玩重点` 走访卡普里（见P129）岛上景点

↓
阿马尔菲海岸（搭巴士约2小时）

> `游玩重点` 走访天堂之海阿马尔菲海岸（见P128）

↓
索伦托

第六天 索伦托（搭环维苏威线约1小时10分）
↓
那波利（搭火车约2小时半）

> `游玩重点` 走访那波利（见P120）市区

↓
佛罗伦萨

> `游玩重点` 走访佛罗伦萨（见P88）阿尔诺河右岸

第七天 佛罗伦萨（搭火车约1小时）
↓
比萨

> `游玩重点` 走访比萨（见P98）市区

↓
佛罗伦萨

> `游玩重点` 走访佛罗伦萨（见P96）阿尔诺河左岸

第八天 佛罗伦萨（搭火车约3小时）
↓
威尼斯

> `游玩重点` 走访威尼斯（见P74）市区

第九天 威尼斯

> `游玩重点` 走访威尼斯市区及外岛

第十天 威尼斯（搭火车约1小时半）
↓
维罗纳（搭火车约1小时40分）

> `游玩重点` 走访维罗纳（见P85）市区

↓
米兰

> `游玩重点` 走访米兰（见P60）市区

第十一天 米兰起程

第十二天 回到中国

南意深度奇幻14日游

适合族群：
想要惊艳另一种不同的意大利

若是早已熟悉北意优雅的景观，这趟行程将深入南意多重文化的西西里与较少人前往的"鞋跟"布伊亚区，欣赏蘑菇般的小村与密密麻麻的石穴遗迹，感受充满异国味道的奇异风情。

第一天	从国内出发
第二天	到达巴勒莫
	游玩重点 走访巴勒莫（见P146）市区
第三天	巴勒莫（搭火车约2小时）
	↓
	阿格里真托
	游玩重点 走访阿格里真托（见P154）迷人的神殿谷
第四天	阿格里真托（搭火车约4小时）
	↓
	拉古萨
	游玩重点 走访拉古萨（Ragusa，见P156）市区
第五天	拉古萨（搭火车20分钟）
	↓
	莫迪卡（搭火车约1小时40分钟）
	游玩重点 走访莫迪卡（Modica，见P158）市区
	锡拉库萨
	游玩重点 走访锡拉库萨（见P160）中古世纪的奥提伽区与尼亚波利考古园区
第六天	锡拉库萨（搭火车约1小时20分钟）
	↓
	卡塔尼亚（搭火车40分钟）
	游玩重点 走访卡塔尼亚（Catania，见P162）市区
	陶尔米纳
	游玩重点 走访陶尔米纳（见P164）小巧的市区与古希腊剧场
第七天	陶尔米纳（搭夜班火车）
	↓
	巴里（搭东南区域小火车约1小时）
	阿尔贝罗贝洛
	游玩重点 走访"美丽的树木"阿尔贝罗贝洛（Alberobello，见P141）小镇
第八天	巴里（搭Appulo-Lucane区域小火车约1个半小时）
	↓
	马泰拉
	游玩重点 走访马泰拉（Matera，见P142）特殊的石穴市区
	巴里
	游玩重点 走访普利亚（Puglia）首府巴里（Bari，见P132）市区

第九天	那波利（搭火车约4小时）
	游玩重点 走访那波利（见P120）市区
	那波利（搭环维苏威线约1小时）
	索伦托
	游玩重点 走访索伦托（见P127）可爱的市区

第十天	索伦托（搭快船20分钟）
	↓
	卡普里（搭船约1小时）
	游玩重点 走访卡普里岛（见P129）
	阿马尔菲海岸（搭巴士约2小时）
	游玩重点 走访天堂之海阿马尔菲海岸（见P128）
第十一天	索伦托（搭环维苏威线约30分钟）
	↓
	庞贝（搭意大利国铁＋环维苏威线约3小时10分钟）
	游玩重点 走访死城庞贝（见P126）
	罗马
	游玩重点 走访帝国罗马遗迹（见P42）
第十二天	罗马
	游玩重点 走访梵蒂冈（见P56）与巴洛克罗马（见P46）
第十三天	罗马起程
第十四天	回到中国

Part 2
意大利
初体验

地形南北狭长的意大利，景观变化多元，不仅表现在古老的建筑上，连食衣住行等生活层面也都蕴涵着丰富的文化底蕴。高耸的教堂固然撼动人心，不过视觉上的飨宴若配上味蕾的享受、嗅觉的刺激，这份初体验将会更令人难忘。探访藏身一角的杂货店、品尝小小的一杯咖啡，甚至欣赏一套剪裁利落的时装，这些全都是意大利，全都值得品味。

融入平凡的香醇之中
必去咖啡馆

若说意大利人的一天是从小小的一杯咖啡开始，可是一点也不为过。在家，用简单的摩卡壶就能煮出满室的香浓；出门，隔壁的Bar叮叮当当的杯盘声敲出清晨的活力。不管是简单到只有柜台的邻家小店，还是奢华到铺着两层桌巾的高级门面，都是意大利人碰头、聊天、约会的场所。19世纪时，咖啡馆甚至成为文人、艺术家、革命分子的聚集地，碰撞出智慧的火花、思想的热情，很多伟大的活动都因这一小杯黑黑的饮料当触媒而萌芽。

以下将意大利几座大城里不容错过的咖啡馆分区介绍，旅行至当地，不妨循着香气，前往探访这些意大利人的生活场景。

不可不知

意大利的咖啡种类

其实一般意大利人喝咖啡并不花哨，只是根据咖啡与牛奶的多寡来分：

Caffe` espresso：浓缩咖啡，小小一杯但很浓。

Caffe` macchiato：macchiato是"斑点"之意，这是加一点牛奶的浓缩咖啡。

Cappuccino：在咖啡上加一层打泡的热牛奶。

Caffe` latte：咖啡与牛奶的比例各半。

Latte macchiato：加一点咖啡的牛奶。

Caffe` con panna：淋上一层鲜奶油的咖啡。

Caffe` corretto：加烈酒的浓缩咖啡。

Caffe` lungo：美式淡咖啡，又称Caffe` americano。

Caffe` decafeinato：没有咖啡因的咖啡。

Moracchino：加了巧克力的咖啡，都灵（Torino）特有。

Caffe` freddo：冰咖啡。

1 罗马的咖啡馆

　　在万神殿附近的金杯咖啡馆（La Tazza d'Oro）据当地人的说法，是可以喝到最地道的浓缩咖啡的地方，里面有现磨的咖啡豆出售，因配方不同分为"皇后"（Regina）与"王子"（Principe）两种等级，同时也是装潢非常古朴的一家店。距离不远的裴莉蒂咖啡馆（Caffe` Giolitti）成立于1900年，继承20世纪20年代"装饰艺术"的美丽风格，宽阔的大厅是在附近国会上班的白领阶层喝咖啡的场所，这里的冰激凌也很有名。

　　位于西班牙广场精品区内的希腊咖啡馆（Caffe` Greco）开业于1760年，店内装潢精致优雅，18世纪经常有外国的艺术家与作家光顾，常客有济慈、拜伦、歌德，以及作曲家李斯特、瓦格纳和比才等。

DATA
金杯咖啡馆La Tazza d'Oro 地Via degli Orfani 82/84 电 06 6789792 网 www.tazzadorocoffeeshop.com
裴莉蒂咖啡馆Caffe' Giolitti 地Via degli Uffici del Vicario 40 电 06 6794206
希腊咖啡馆Caffe' Greco 地Via Condotti 82 电 06 6791700

2 米兰的咖啡馆

　　位于艾曼纽二世回廊入口处的南瓜咖啡馆（Zucca in Galleria），新艺术风格的招牌给人一种怀旧感，内部有1921年装饰的马赛克，19世纪某些音乐家在斯卡拉歌剧院中场休息时间，经

常到此喝杯咖啡，这里也是意大利非常著名的开胃饮料Campari的诞生地。1817年开张的鸟巢咖啡馆（Cova）就在米兰的时尚精品区里，逛累了还可在这家非常高级的咖啡馆里小憩，它本身也是一家十分精致的糕饼店。

DATA
南瓜咖啡馆Zucca in Galleria
地 Piazza del Duomo 21 电 02 86464435
鸟巢咖啡馆Cova
地 Via Montenapoleone 8 电 02 76000578 网 www.pasticceriacova.it

3 威尼斯的咖啡馆

最美丽的欧洲大客厅圣马可广场上有两家非常著名的咖啡馆。在旧行政长官官邸（Procuratie Vecchie）回廊下的夸德里咖啡馆（Caffe` Quadri）成立于1775年，一位名叫乔治·夸德里（Giorgio Quadri）的威尼斯人与他的希腊籍妻子决定在当时早已流行喝咖啡的水都贩卖这种"热腾腾的黑色饮料"，拜伦、斯图尔特、大仲马，以及苏联总统戈尔巴乔夫、导演伍迪·艾伦都曾先后拜访过。

弗洛里安咖啡馆（Caffe` Florian）于1720年开张，就在对面的新行政长官官邸（Procuratie Nuove）的回廊底下，在威尼斯共和国灭亡后的法国与奥地利占领期间，曾是地下组织的集会地，1848年统一战争时咖啡馆的大厅是照顾伤员的地方。

这两家咖啡馆的装潢非常古典华丽，价格也很高，不过晚上可以欣赏现场乐团演奏。

DATA
夸德里咖啡馆Caffe`Quadri
地 Piazza San Marco/San Marco 120-124
电 041 5289299 网 www.quadrivenice.com
弗洛里安咖啡馆Caffe`Florian
地 Piazza San Marco/San Marco 56/59
电 041 5285338 网 www.caffeflorian.com

4 佛罗伦萨的咖啡馆

在光鲜的共和广场（Piazza della Repubblica）四周围绕着多家咖啡馆。20世纪初，意大利兴起一片"未来派"的风潮，鼓吹拆除所有老旧的东西，歌颂速度及拳头，认为装着钢制排气管的重型机车是美的典范，虽然如今这种风潮早已式微，不过红制服咖啡馆（Caffe` Giubbe Rosse）依然保留未来派的风格，有一种平民式的高雅及艺术家的不羁，至今仍经常举行文学研讨会。就在其斜对面，同样非常高档的吉利咖啡馆（Caffe` Gilli）成立于1733年，也是一家精致的糕饼店，已有200多年的历史了，是深受佛罗伦萨政界人士青睐之地。

DATA
红制服咖啡馆Caffe` Giubbe Rosse
地 Piazza della Repubblica 13-14/R 电 055 212280 网 www.giubberosse.it
吉利咖啡馆Caffe` Gilli
地 Via Roma 1/R 电 055 213896 网 www.gilli.it

5 都灵的咖啡馆

都灵的咖啡文化独树一帜，连盛咖啡的杯子都不一样。Bicerin是玻璃制的高脚杯，18世纪时在都灵就很盛行用这种杯子来装热

饮，不过这里咖啡更不一样，里头还混合了巧克力与牛奶。在古罗马区的安慰广场（Piazza Consolata）里，躲着1763年开张的比切琳咖啡馆（Al Bicerin），就提供这种都灵传统的咖啡巧克力热饮，意大利建国三杰之一的加富尔（Cavour）过去经常光顾这里。

DATA 比切琳咖啡馆Al Bicerin
Piazza della Consolata 5
011 4369325

6 帕多瓦的咖啡馆

自1831年开张以来，佩德罗奇咖啡馆（Caffe` Pedrocchi）就一直受到这座大学城的知识分子的喜爱，他们常聚集在此讨论哲学与政治的问题，也因此在1848年的革命骚动中，很多学生领袖在此被杀，但神奇的是；这间咖啡馆从来就没有被下令关闭过。

7 那波利的咖啡馆

来到这座南意大城，一定要尝尝这里的咖啡，香醇的程度和北意完全不同，就像这里的艳阳般又烈又浓。位于公民投票广场（Piazza Plebiscito）旁的冈布里努斯咖啡馆（Caffe` Gambrinus）于1860年开张，墙壁由当地最著名的艺术家装饰，一开业马上就受到政治家与文人的喜爱，1938年法西斯党人下令关闭了这家异议分子聚集的咖啡馆，不过如今这间古老店家已重拾过去新艺术风格的光华。

DATA 佩德罗奇咖啡Caffe`Pedrocchi
Via VIII Febbraio 15
049 8781231 网 www.caffepedrocchi.it

DATA 冈布里努斯咖啡馆Caffe`Gambrinus
Piazza Trieste e Trento
081 417582 网 www.caffegambrinus.com

❖ 让味蕾也感受不同的风情

必尝美食

南北狭长的意大利，烹饪方式与使用食材的地区差异也很大，这让来此游历的外国人不仅视觉上能够满足，连味觉也不会遭到亏待。一般而言，前菜（Antipasto）是属于开胃的冷盘，第一道菜（Primo）以面食居多，第二道菜（Secondo）是高蛋白的肉类或海鲜，若肚子还有空位，可以再来道甜点（Dolce），不过多数的意大利人会以一杯浓缩咖啡做结束。

1 罗马美食

罗马是意大利的首都，各个地区的菜肴都吃得到，不过当地最具代表性的是炭烧面（Spaghetti alla carbonara），用猪腰肉、鸡蛋与羊奶酪调煮成浓稠酱汁的面食，吃了很有饱足感。罗马式青豆（Piselli alla romana）是用猪油或牛油炒洋葱，再放入青豆一起炖煮，若是配上牛肉，便成为非常美味的"第二道"。

罗马式青豆Piselli alla romana

米兰烩饭Risotto alla milanese 摄影/Michele Paciulli

2 米兰美食

米兰位于产米的波河平原，米兰烩饭（Risotto alla milanese）当然是传统的美食，加了奶酪与牛油炖煮，最后再以蕃红花调成金黄色泽，不过意大利的米饭米心都比较硬，并不是没煮熟。半冷柠檬甜点（Semifreddo al limone）是以鲜奶油、鸡蛋加柠檬做成的奶烙糕点，再淋上草莓酱或是咖啡等其他口味的热酱汁，餐后来一盘绝对不会后悔。

炭烧面Spaghetti alla carbonara

柠檬甜点冰糕 Semifreddo al limone

3 威尼斯美食

莎尔酱沙丁鱼Sardine in saor

威尼斯靠海，所以当地的烹调以海产为主。墨鱼面（Spaghetti slle seppie）是用黑色墨鱼酱汁调煮而成，当然也可以用饭来替代，黑黑的一团看起来可怕但非常美味，不过吃完要记得清理牙齿与嘴唇。蛤蜊面（Spaghetti alle vongole）则是以新鲜蛤蜊、辣椒再加少许香菜调味的酱汁所煮成的通心面。莎尔酱沙丁鱼（Sardine in saor）是非常典型的威尼托省菜色，用酸甜酱汁搭配沙丁鱼，有时还会配上北意很普遍的玉黍蜀糊（Polenta）。

墨鱼面Spaghetti slle seppie
摄影/Michele Paciulli

蛤蜊面Spaghetti alle vongole

4 佛罗伦萨美食

用这里特产的契安尼娜牛（Chianina）做成的佛罗伦萨大牛排（Bistacca alla fiorentina），点菜的时候是以千克来算的，所以一盘的分量一般够两人吃的，这种用炭烤方式处理的丁骨牛排很新鲜，当地人都会建议烤个半熟来食用，肉质比较嫩。烤面包加料（Bruschette）也是佛罗伦萨的特色小点，在烤硬的面包上简单地淋上橄榄油，或是加些新鲜西红柿、橄榄、鸡肝酱，很适合当开胃菜或不是很饿时食用。

佛罗伦萨大牛排Bistacca alla fiorentina
摄影/ Michele Paciulli

烤面包加料
Bruschette

不可不知

佐餐必备葡萄酒

葡萄酒在意大利人的餐桌上是必备的，被称为佐餐酒（Vino da Tavola）；习惯上是红肉配红酒，白肉或海鲜配白酒。

最著名的产酒区是托斯卡纳的基安地（Chianti），也就是佛罗伦萨与西耶纳之间的丘陵地。1716年托斯卡纳大公科西莫三世颁布酿酒的规则，并实际划定葡萄酒区的界线，这就是最早的"正统基安地"（Chianti Classico），今天以一只黑公鸡为标志；不过1984年又为葡萄酒制定了质量管理的新标准，也就是"以原产地控管及保证来命名"，缩写为D.O.C.G.；若不懂意大利红葡萄酒的分级，瓶子上的D.O.C.G.倒不失为便利的选择方法。

23

5 博洛尼亚美食

称它为美食之都，绝不为过。博洛尼亚最地道的便是手工面，用手搓揉而成的面食，咬劲十足。肉酱面若用手工制的刀切面（Tagliatelle al ragu`）来做，扁宽的面条更能吸饱酱汁，当然包着肉馅或菠菜配奶酪做馅的小饺子（Tortellini）也是不错的选择，不过一定要在面上加上现磨的奶酪粉，因为这里正是香浓的帕尔马奶酪（Parmigiana，英文译为帕马森）的主产地。生火腿肉（Prosciutto crudo）绝对是不可错过的美食，选择带点甜味的再夹上面包，就很地道。

大饺子 Ravioli

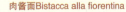

生火腿肉Prosciutto crudo

肉酱面Bistacca alla fiorentina

6 那波利美食

在那波利用餐，比萨绝对是首选，既便宜又实惠。最经典的那波利比萨口味很简单，"水手比萨"（Pizza Marinana）上面的配料为大蒜、油、罗勒、奥利冈香料及西红柿，"玛格丽塔比萨"（Pizza Margherita）则是以西红柿、罗勒、奶酪、油及新鲜的莫扎里埃（Mozzarella）奶酪为配料。在靠海的地方吃炸海鲜（Fritti dei frutti di mare）是一种享受，渔货新鲜，只要裹点面包粉下锅去炸，就可以尽情品味海产的甘甜。

玛格丽塔比萨Pizza Margherita

加了芝麻叶的的水手比萨Pizza Margherita

炸海鲜Fritti dei frutti di mare

小耳朵 Orechiette

7 普利亚美食

"鞋跟"（普利亚）地区最地道的面食便是小耳朵（Orechiette），用当地特产的硬麦粗磨而成的新鲜面团做成，非常健康，经常搭配绿色花椰菜或西红柿的酱料。在靠近亚得里亚海的城市，塞馅淡菜（Cozze ripiene）是道不容错过的美味，淡菜的外壳内塞混着硬麦团的肉馅，搭配白酒就可以饱餐一顿。酸甜烤蔬菜（Vedura Agrodolce）是用烤熟的蔬菜加上蜂蜜与酒醋去熬煮，绝对值得品尝。

塞馅淡菜 Cozze ripiene

酸甜烤蔬菜 Vedura Agrodolce

8 西西里美食

这个文化多元、又呛又辣的岛屿，食物的口味也很重。烤面（Pasta'ncasciata）以加了肉酱、小肉丸、香肠、当地特产奶酪、茄子的管状面煮成，再放进炉中去烤，所以比较干。西西里式烤肉片（Braciole alla siciliana）在烤熟的肉片上淋橄榄油，加盐、胡椒与醋，经常会搭配蔬菜。美味旗鱼（Pesce spada alla ghiotta）是用洋葱、西红柿、土豆加橄榄为配料的块状旗鱼肉，滑嫩顺口。

西西里式烤肉片 Braciole alla siciliana

烤面 Pasta 'ncasciata

美味旗鱼 Pesce spada alla ghiotta

必购特产

意大利是一个购物天堂，经常会让游客的荷包大出血。除了服饰与包包之外，很多当地手工艺人用手工做出来的产品，都令人爱不释手，不论是当做馈赠亲友的礼品或是个人收藏，都非常适合。旅行中的点点滴滴，也会跟着这些古朴的陶器、晶莹的玻璃，或是香醇的土产，而变得更加难忘。

1 都灵的巧克力与菲雅特纪念品

皮埃蒙特省是意大利的巧克力产地，许多瑞士厂商都来这里购买原料回去加工制造。走在都灵的街道上，到处都是甜点店，橱窗内摆满各式各样的巧克力制品、可可粉、糖果，包装之精致经常让人忍不住驻足观赏。而菲雅特汽车（Fiat）工厂就在都灵近郊，所以印着Fiat标志的马克杯、T恤也是很有特色的纪念品。

2 威尼斯的面具与玻璃

面具在威尼斯的传统中拥有极重要的地位。18世纪的喜剧大师戈尔多尼（Goldoni）还在他所创作的剧本中赋予了面具活生生的角色。今天在威尼斯的大街小巷都可以看到各种面具，从简单的眼罩式到夸张的羽毛装饰都有，还有很多由艺术家手工设计打造，上面画着传统的喜剧人物。当然穆拉诺（Murano）所产的玻璃也是水都的特色，各式各样的瓶瓶罐罐、动物、人偶，精致一点的还饰有黄金线条，不过均价值不菲。

3 佛罗伦萨的花草保养品与皮件制品

1221年，多明尼哥派的教士就是在这座百花城创立了药草店，有很多的配方一直流传至今。由花草提炼精油、制造保养品在佛罗伦萨早已有之，市内各家药房的橱窗经常摆着自家独门配方的面霜、乳液、洗发精、沐浴乳，包罗万象，加上画满图案、古色古香的包装，非常吸引人，而且价格不贵。而充斥在大街小巷的皮件店，以及圣洛伦佐（San Lorenzo）的皮件市场，让佛罗伦萨的皮革制品声名远播，各种当地手工制造的皮夹、皮衣，还有充满岁月余韵的皮制文具、记事本，拿在手中非常有质感。

4 博洛尼亚的面条与巴萨米克醋

在博洛尼亚的银行大楼（Palazzo dei Banchi）背后的小巷里，除了传统市场贩卖蔬果的摊位之外，还穿插着不少当地土产的专卖店。在这个以手工新鲜面食著称的古城中，干燥的意大利面是不错的纪念品，原始的通心面、加了菠菜或红萝卜而变成的彩色面条拥有各种有趣的造型，虽然很重，却让人忍不住想带回家。此外，还有年份各异的巴萨米克醋（Aceto balsamico），这种以新鲜葡萄汁经过12年以上的陈年而制成的酸甜调味料，主要产地是博洛尼亚附近的摩德纳（Modena），非常适合为青菜沙拉、肉片、水果与冰激凌调味。

5 佩鲁贾的松露、橄榄油与陶瓷

中部以农业为主的翁布里亚大区是珍贵的松露（Tartufo）产区，其境内东南山麓一带的诺尔恰（Norcia）是这种菌类的大本营；在本区首府佩鲁贾当然也买得到，小小一瓶处理过，易于保存，吃意大利面时加上一点，立刻散发一股特殊的森林馨香，难怪备受欧洲人青睐。橄榄油也是此地的特产，尤其是第一次冷压的"特级橄榄油"（Olio d'oliva extravergine）更是举世闻名。此外，境内小城德鲁塔（Deruta）盛产陶瓷，手绘的花纹极有翁布里亚乡野淳朴的风味，顺手带一件回家，作为摆饰或使用皆宜。

6 那波利的咖啡壶与纸浆小人偶

传统的那波利咖啡壶（Caffeteria napoletana）与一般的摩卡壶不一样，它不是利用水在沸腾时往上冲而顺道经过咖啡粉煮出来的，而是事先把水煮开，然后翻转过来流过夹在中间的咖啡粉，所以没那么浓，这个造型奇特的壶正是那波利的特色产品。至于波旁王朝的卡洛国王非常钟爱的纸浆艺术所制造的小人偶，在今天古城的老市区仍处处可见，尤其是东方三贤人到马厩朝圣的主题，做得栩栩如生，也充分反映出那波利人的信仰热忱。

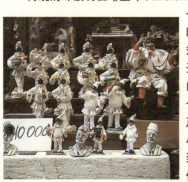

7 索伦托的柠檬甜酒

这个到处都黄澄澄的度假小镇，连特产都是这种亮眼的颜色。柠檬甜酒（Limocello）就是用此地盛产的柠檬为底，加糖制成的烈酒，经常在餐后饮用，而且要冰镇，各种造型的玻璃瓶内部装着艳黄的液体，外观非常讨喜。

8 普利亚的红色陶器

普利亚（鞋跟）地带是古罗马时期通往东方的重要区域，自远古时代，土著就有用陶土制造器皿的习俗，延续至今成为最具当地特色的传统。这种红色陶土烧成的钵，拿来当成焗烤的盛盘，在普利亚仍处处可见，非常朴拙又充满古意，尤其是在其首府巴里附近的格罗塔列（Grottaglie）小镇，古希腊造型的双耳陶瓶更是令人爱不释手。

9 西西里的木偶与莫迪卡巧克力

木偶戏迄今仍是西西里岛风行的表演，小小的舞台上，操偶师熟练地抓着半人高的木偶操杆，演出中世纪的英雄美人剧目，这种传统木偶（Pupi siciliani）根据大小而定出售价高低，有些由老师傅一刀一刀慢慢雕琢出来、一锤一锤细细打造成形的人偶，甚至要价上百欧元。

此外，到诺托谷地游览时，别错过莫迪卡最有名的巧克力，不同于都灵所产，这里因曾受过西班牙人的统治，所以有加了辣椒的阿兹特克口味，是颇具当地特色的选择。

必赏精品

在20世纪70年代法国的服装设计师叱咤时尚舞台之时，意大利还是织品与裁缝的幕后加工国。80年代当解除结构的垂肩西装外套、破除两性之间衣着的严格界线、超过色板以外的五彩缤纷逐渐出现之际，世人才惊讶于意大利设计师的大胆革新与丰富创意，带着休闲风格的高级服饰让好莱坞的名人趋之若鹜，Made in Italy开始成为能与独领风骚的法国时尚分庭抗礼的质量保证。或许买一件有大师签名设计的服装可能得花上一笔非常可观的费用，不过如今各个响当当的名牌都纷纷针对年轻人推出设计比较轻松的服装系列，价格也不再那么高不可攀。

1 Gucci
绝对是意大利的同义词

以马具制造起家的Gucci，诞生在文艺复兴的重镇佛罗伦萨，第二次世界大战时期因为物资短缺，以佛罗伦萨特产的织布配上前缀大写G、再车上皮边的织纹帆布包，成为Gucci的主要设计造型，一直到今天仍是

它的经典款。1994年原本担任女装部门负责人的Tom Ford升任创意总监之后，与时尚名人合作，把这个老品牌带入新的流行境界。如今这个双G标志几乎成了意大利精品的代名词，产品包括了男女服饰、香水、手表等，2006年为庆祝品牌成立85周年，还推出一系列纪念款式，再次成功创造话题。

不可不知

意大利的冬季与夏季折扣季

每年的1月初与7月初开始，是意大利的冬季与夏季折扣期，时间长达一个半月，而且折扣越打越低。不过最好还是趁早选购，款式较多，尺码也较齐全。原本不打折的名牌，近年来会在店内划出一个专区，某些特定款式或过季的商品会以较低的价格出售。

2 Valentino
量身定做的高级时尚

20世纪50年代初期，二十来岁的Valentino Garavani就已投身服装设计的世界，后来在家族财力的支持之下，开设了自己专属的服装店。1967年发表的"白色搭配系列"（Collection Blanche）教人惊艳，同年在巴黎推出了个人时装秀，颜色鲜艳的简单剪裁、没有累赘的装饰，受到广泛的赞赏；1998年，Valentino并入Marzotto集团，这个集团也因买下了许多重要的Valentino商标而在2005年改名为Valentino流行服饰集团有限公司，不只加强了原本就有的品牌产品，还把注意力集中在了高级女装的设计范畴里。

3 Prada Miu Miu
把尼龙后背包化为风尚

20世纪初Mario Prada针对旅行设计了一系列皮件产品，1913年在米兰开设了自创品牌的专卖店，生产高级的皮革制品。70年代在其他强敌威胁之下，濒临破产的Prada由其孙女Miuccia Prada接手，她开始加入一些服饰的设计；不过直到80年代，大家还是认为Prada是生产皮件的品牌。到了90年代，Prada推出的后背黑色尼龙材质布包掀起一片风潮，加上以制服为灵感所出现的极简风服饰，Prada反过来成为Gucci的最大竞争对手，Miuccia甚至还以她的名字创立了副牌Miu Miu，标榜年轻风格。

4 Etro
涡状纹路织出的异国古典

以织品设计起步的Gerolamo Etro原本想成为建筑师，喜爱旅行与阅读古籍让他把许多充满异国情调的元素加入设计中，其中最具代表性的便是印度的佩斯利涡纹（Paisley），

搭配各种天然材质像是克什米尔羊毛、丝绸、亚麻、纯棉等，让Etro的服饰、围巾散发浓浓的古朴质感。20世纪80年代，又以同样的花纹开发一系列的皮夹、包包与旅行箱，成为上流社会非常喜欢的产品。90年代Etro的儿女开始接掌家族企业，为迷人的佩斯利涡状图案增添年轻的气息。

5 Salvatore Ferragamo
一直在寻找最理想的鞋型

1889年出生于那波利附近的Salvatore Ferragamo，家中有14位兄弟姐妹，因为家境贫寒，所以从小就制鞋贴补家用，鞋匠虽是卑微的行业，但他在13岁时就拥有了自己的店铺，并立志要成为鞋子的设计师。1914年，Ferragamo前往美国，他所设计的鞋深受奥黛丽·赫本、葛丽泰·嘉宝、玛丽莲·梦露等影星喜爱，也奠定了其制鞋巨擘的地位。如今他在佛罗伦萨阿尔诺河畔的大本营，除了最经典的鞋子产品以外，花样繁复的丝巾、中肯的服饰也广受女士们欢迎。

6 Giorgio Armani
低调美学的王者风范

1934年出生于北意的Giorgio Armani，年轻时代就为了减轻家里的经济负担而到米兰最大的百货公司Rinacente上班。没有服装设计背景的他边做边学，后来与伙伴共同创立事业，推出的个人服饰系列却引起时尚界的改革：没有夸张的垫肩、中性的色调、悬垂轻软的布料，尤其是打破两性之间的严谨界线，利用这片模糊的灰色地带来展现女性的性感与权威，非常受到知性妇女的喜爱，好莱坞的电影界名人甚至以穿着他的服饰来象征崇高的身份地位。后来他又推出Emporio Armai年轻服饰、Armani Casa家居系列等，如今还在米兰成立了包括所有产品的超级商店。

7 Gianni Versace
古典巴洛克的金色风华

1997年7月15日在迈阿密遭到枪杀身亡，这位意大利伟大的服装设计师就这样陨落，享年50岁。Gianni Versace玩弄色彩的本事几乎无人能及，美杜莎的头像象征着他对古典巴洛克华丽风格的喜爱，大胆展露女性胴体的作风，使得全世界为之惊艳，很多剧团也请他设计服装。在大师去世后，目前由他的妹妹Donatella Versace主掌设计事宜，为原本五彩缤纷的性感注入了更多知性的观点与元素。

8 Dolce & Gabbana
年轻不羁的高级质感

生于1958年的Domenico Dolce与生于1962年的Stefano Gabbana在1985年于米兰成立的Dolce & Gabbana服装公司，算是非常年轻的品牌。Dolce由于父亲的关系，从小就浸淫在服饰的环境中，而Gabbana于公司成立前却是在研读版画。品牌起先推出男女装系列，如今亦发展眼镜、手表、香水等周边饰品，大胆的创意加上不受拘束的幻想力，使它的产品带有一种都会摩登的魅力。

9 Max Mara
永不退潮流的知性之美

由Achille Maramotti在1951年以姓氏缩写所创立的Max Mara品牌女装，因为实用、价格又合理而受到欢迎。他所设计的服装很中肯优雅，质量又高，驼色的女性长大衣几乎成为其特色产品，没有哗众取宠反而不会受到时间与流行的限制。除了成熟的女装系列外，还有比较年轻活泼的Max Co.与Sports Max等副牌，事业版图扩及全球。

必玩节庆

意大利是虔诚的天主教国家，每天都是一位圣人日，中世纪在教会庞大势力影响之下，很多活动与作息都根据宗教历法来制定。然而在笃信上帝的严谨教条下，却也有充满异教思想的矛盾，过去的古老民俗流传至今，变成带着极大地方色彩的节庆。这个时候，原本沉静的小城好像突然间活了过来，当地的居民也全都投身其中，跟着他们玩一遭，你会发现更有趣的历史与亲身体验的刺激。

不可不知

节庆日期请看天主教历法

意大利很多的节庆是根据天主教的历法来定的，所以每年的日期都不固定。例如嘉年华大概都在二三月间，通常最热闹的时候都在结束前的最后一个周日，其中以威尼斯的嘉年华时间最长，约有两周之久；斯佩洛的"圣体瞻礼"则在6月中上旬的一个周末。可以登录当地的市政厅网站查询。

摄影／Michele Paciulli

1 威尼斯嘉年华
Carnevale di Venezia

嘉年华的意大利文为Carnevale，而Carne是"肉"的意思，这个字应该解释为"封斋之前的狂欢节"。每年的耶稣复活日前40天是所谓的"四旬斋"，顾名思义就是要和荤腥暂时说再见，但是在进入斋戒期之前，大家何不先来狂欢一下？而威尼斯嘉年华的特别，就在于面具的大量应用，这在水都的传统中存在已久，过去的贵族在参加重要节庆时，经常会带着面具，因为这可以混淆一个人平常所扮演的社会角色，在面具的遮掩之下，灵魂的本质、阶级的拘束力全被释放，所以就变得百无禁忌。若你也想加入狂欢的大队，到威尼斯的商店里，挑个你喜欢的面具或长袍戴了就走，事后还可留作纪念。

2 维亚雷焦嘉年华
Carnevale di Viareggio

位于托斯卡纳大区的维亚雷焦，就在比萨的北部海边，每年嘉年华的最后一个周日会举行盛大的花车游行。队伍在火车站前集合，沿途敲敲打打，既有古装打扮也有现代穿着，大家都随着音乐轻快地舞向滨海的大道。经过装饰的花车播放着震天响的音乐，车上的年轻人快乐地载歌载舞，还有许多挖苦名人、讽刺政治的可爱打扮，让在旁边观赏的民众拍手叫好，这也是维亚雷焦嘉年华的一大特色。

3 阿西西春会
Calendimaggio di Assisi

春会的原文是"5月初的节庆"之意，主要是歌颂春天的再度到来，举行的时间从5月的第一个周四开始，为期3天，期间人们极尽巧思地表现春天、赞美春天，并且准备了各种竞赛项目。第1天阿西西市长会把市钥交给主持仪式的司仪，竞赛结果的最高荣誉"锦标"（Palio）也会升起高挂于广场上；第2天的活动比较轻松，是"春天女神"的选拔；第3天的晚上则会在广场举办韵文诗的吟唱大赛，不用乐器伴奏，这些古老的歌谣仿佛把阿西西推回中世纪、意大利第一位韵文诗人圣方济的歌声中。

4 斯佩洛花节
Infiorate di Spello

每年6月，与阿西西隔着苏巴修（Subasio）山的翁布里亚小城斯佩洛（Spello）就会陷入一片花海之中。这个传统可回溯到好几个世纪以前，为了向该城的"圣体"致上敬意，当地的居民于城市的道路上，以花朵来画图装饰，好让宗教仪式的游行队伍从其上通过。在节日的前一天下午，街道会封闭起来，大家就开始以彩色的花瓣精确地排出想要的图案，直到隔天上午9:00为止。这些美丽的花毯约有60~65幅，每幅长度为12~15米，面积至少有15平方米，而且每一幅所呈现的内容与主题皆不同，到了12:00整，主教所领导的圣仪仗队就会从这些花毯上踏过，结束这场美轮美奂的古老节庆。

5 维罗纳音乐季
Estate teatrale veronese

1948年6月26日第一场《罗密欧与朱丽叶》公演以来，维罗纳的音乐季在很短的时间内就变得享誉国际，每年吸引大批的游客前来观赏。后来又加入了威尼斯剧作家戈尔多尼（Carlo Goldoni）的喜剧以及舞蹈表演，不过最有名的是在古罗马竞技场举行的圆形剧场歌剧季（Festival lirico areniano），入夜之后著名的剧目在露天的星空下上演，经常以威尔第（Verdi）的歌剧为主轴，其中场面最浩大的《阿依达》（Aida）最震撼人心。

摄影／Michele Paciulli

6 锡耶纳马赛
Palio di Siena

Palio是马赛中胜利的锦旗，锡耶纳为了向城市的守护神，也就是"升天圣母"致上最高敬意，于每年的7月2日及8月16日举办两场马赛。它的起源可追溯到1283年，由于各派势力彼此之间的争战，但也可能源自于罗马士兵的操练传统。比赛之前会有穿着古装的队伍游行，城内17区市民各着代表该区的服饰，由主教堂前向空地广场（Piazza del Campo）——也就是马赛举行的地方前进。赛前有鼓手及耍大旗表演，从17:00开始，其间大笨钟会敲个不停，游行到19:00结束；之后，选出的10区骑士骑着没上马鞍的马绕广场竞跑三圈，比赛可能不到1分钟就结束了，冠军者被授予锦旗，然后牵着马游街，接受英雄式的欢呼。

7 威尼斯竞渡赛
Regata di Venezia

每年9月的第一个周日，威尼斯的大运河上人声鼎沸，大大小小的彩色平底小船齐聚一堂，摩拳擦掌地准备比赛。此活动起源于这个海上王国早期的地方性对抗，第一次正式的竞渡赛是在1315年乔万尼·萨索兰佐（Giovani Soranzo）执政期间举行，直到19世纪才开始出现赛前的八桨大船游行。游行船队结束后，比赛接着

上演，有年龄、人数及男女组之分，各种类型的船只彼此挑战，胜利者除了奖金之外，还可获得红色锦旗一面。

Part 3
分区导览

大家对意大利的印象几乎全集中在罗马、米兰、佛罗伦萨、威尼斯这些大城上，那些静静矗立在山头上的古城，或是徜徉在碧海蓝天下的缤纷小镇，却鲜为人知，不过它们的美却能让人对意大利产生截然不同的观感，若能在惊叹大城的鬼斧神工或辉煌过往的同时，取道顺游，相信你的这趟意大利之旅将会更加丰富，行囊与回忆也会更加饱满。

✝ 不是一天造就的永恒之都

罗马
Roma

城市侧写

根据拉丁诗人威吉尔（Virgil）的歌咏，特洛伊城（Troy）被攻破时，特洛伊英雄埃涅阿斯（Aineias）乘船逃亡，在台伯河（Tevere）畔上了岸，他的后代罗莫洛（Romolo）与雷莫（Remo）被狠心的叔父丢入河中，不但幸运地没有溺毙，还被一头母狼哺育成人，这对双胞胎就是罗马城的莫基者。

历经共和与帝国时期后，罗马扩张成欧洲最强大的国家，也成为西方文明的象征。公元475年西罗马帝国灭亡，也成为一道历史与建筑上的分水岭，在天主教首领带领下的古都，历经黑暗的中世纪、文艺复兴，直到教人惊叹的巴洛克，罗马的沧桑不曾让它死亡，而是以更华丽的面貌向世人展现着它的不朽！

今天若从位于老市区心脏地带的威尼斯广场（Piazza Venezia）画一条东北—西南方向的直线，罗马帝国时期遗迹与巴洛克风格建筑大致分布于两侧，可以看出城市发展的轨迹。

TRAVEL INFO

● 由于罗马有不少古迹位于地下，因此地铁并不发达。徒步走访市中心，其实是发现罗马的最好方式，因为每个景点之间的距离并不远。

● 目前罗马市政府提供开放式的110观光巴士，在主要景点设有停靠站，车上有八种语言的语音导览（包括中文），车票可以在特米尼火车站（Stazione Termini）前或是车上购买，一日有效。

● 旅游服务中心
地址：Stazione Termini, Via Giolitti 34
电话：06 82059127
网址：www.comune.roma.it

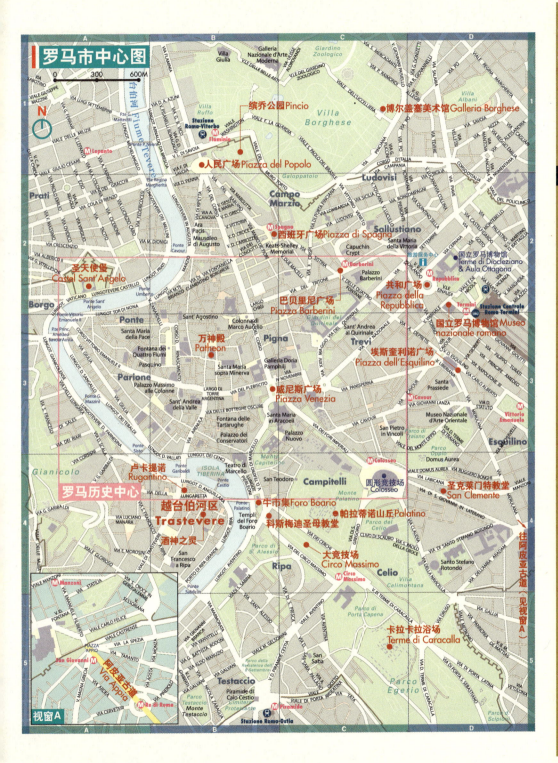

罗马市中心图

0 300 600M

缤乔公园 Pincio
博尔盖塞美术馆 Galleria Borghese
人民广场 Piazza del Popolo
圣天使堡 Castel Sant'Angelo
西班牙广场 Piazza di Spagna
国立罗马博物馆 Terme di Diocleziano & Aula Ottagona
巴贝里尼广场 Piazza Barberini
共和广场 Piazza della Repubblica
万神殿 Pantheon
国立罗马博物馆 Museo nazionale romano
埃斯奎利诺广场 Piazza dell'Esquilino
威尼斯广场 Piazza Venezia
卢卡提诺 Rugantino
罗马历史中心
越台伯河区 Trastevere
酒神之灵
牛市集 Foro Boario
帕拉蒂诺山丘 Palatino
科斯梅迪圣母教堂
圆形竞技场 Colosseo
圣克莱门特教堂 San Clemente
大竞技场 Circo Massimo
往阿皮亚古道《见视窗A》
卡拉卡拉浴场 Terme di Caracalla

视窗A
圣乔凡尼 San Giovanni
阿皮亚古道 Via Appia

39

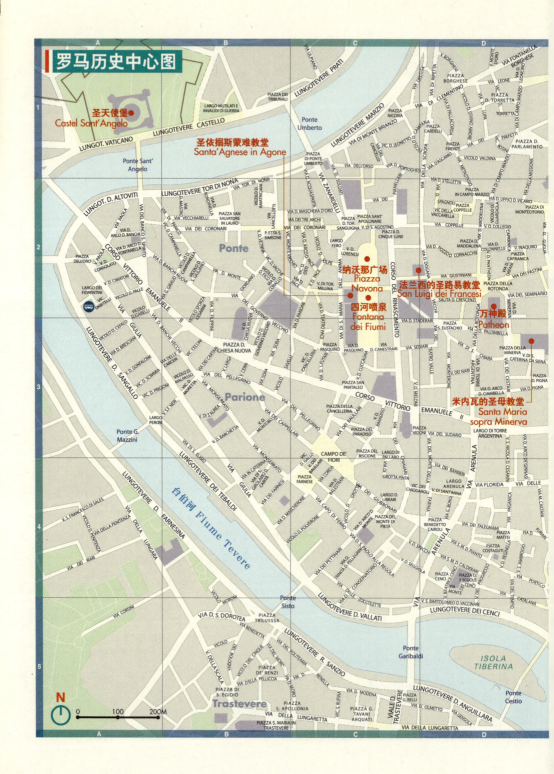

罗马历史中心图

圣天使堡
Castel Sant'Angelo

圣依搦斯蒙难教堂
Santa'Agnese in Agone

纳沃那广场
Piazza
Navona

四河喷泉
Fontana
dei Fiumi

法兰西的圣路易教堂
San Luigi dei Francesi

万神殿
Patheon

米内瓦的圣母教堂
Santa Maria
sopra Minerva

N

0   100   200M

巴贝里尼广场
Piazza Barberini

特莱维喷泉
Fontana di Trevi

威尼斯宫
Palazzo Venezie

威尼斯广场
Piazza Venezia

新宫
Palazzo Nuovo

坎皮多利奥山丘
Campidoglio

保守宫
Palazzo dei Conservatori

图拉真市场
Mercati Traianei

古罗马市集
Foro Romano

圆形竞技场
Colosseo

帝国罗马景点区
雄伟与实用并行不悖

位于罗马市中心东南部的区域，是昔日罗马帝国都城的重心，今日还可见到许多保存良好的建筑与遗迹，是遥想帝国光辉的必访之处。

圆形竞技场Colosseo
古罗马的荣耀象征

MAP P41.H5

圆形竞技场其实是东西较宽、南北稍窄的椭圆状，由终结奥古斯都（Augustus）王朝的韦斯帕夏诺（Vespasiano）皇帝于公元72年所建。这座建筑的前身是尼禄（Nero）的黄金宫（Domus Aurea），这位暴君在此为自己竖立了一座巨大铜像（Colosseo di Nerone），Colosseo有"巨大"之意，竞技场之名"Colosseo"即源于此。

当时在此上演的戏码全由皇帝和富有的罗马公民免费提供，有兽与兽斗、兽与人斗、人与人斗，由于罗马帝国的领地遍及北非及中东，因此狮子、大象、斑马、河马等猛兽不虞匮乏。至于与猛兽交手的角斗士，通常是囚犯、战俘或奴隶，也有角斗士学校毕业的自由人。

圆形竞技场不仅在建筑上富于装饰，结构上也充分反映出罗马人重视实用的精神，拥有80个圆拱入口，加上内部的回廊设计，可以让55000名观众在10分钟内全部到达座位，效率十足。

DATA 🏠Piazza del Colosseo 📞06 39967700 🕐夏季周一至周日8:30~19:15；冬季周一至周日8:30~16:30。🚇搭乘地铁B线至Colosseo站下车。

古罗马市集Foro Romano
撼动人心的历史现场

MAP P41.G5

这是古罗马最重要的政治与经济重心，因此市集上坐落着神殿、元老院、公共演讲台、交易进行所……2000多年前，这里充斥着罗马市民、商人、奴隶、妓女。此外，穿越市集中央的神圣大道（Via Sacra）更是当时战胜归来的军队游行、接受民众欢呼之路，因此矗立了三座凯旋门，其中最大的君士坦丁凯旋门（Arco di Costantino）建于公元315年，如今被隔在围墙外。虽然此地早已成残垣断壁，然而漫步其中，仍是体验古罗马魅力之最佳途径，因为踏在脚底下的这块土地，或许曾是某位帝王颁布政令，或英雄死后火葬之所呢！

DATA 🏠Largo Romolo e Remo 📞06 39967700 🕐夏季周一至周日8:30~19:15；冬季周一至周日8:30~16:30。🚇搭乘地铁B线至Colosseo站下车

赏 图拉真市场Mercati Traianei
昔日百姓的起居地

MAP P41.F3

　　与古罗马市集隔着大马路相对的是一片由罗马帝国皇帝下令建造的市集，当时因旧市集的腹地太小而向外扩展。位于最北侧的图拉真市集上，矗立着布满浮雕的图拉真柱（Colonna Traiana），此柱于公元113年完成，为纪念这位皇帝在罗马尼亚的两场胜仗。与图拉真柱仅隔一条小路的图拉真市场，建于公元2世纪，半圆形的多楼层建筑是罗马发放免费小麦的地方，设有贩卖蔬果、花卉、橄榄油、酒，以及香料的商店。

DATA 地 Via IV Novembre 电 06 82059127 时 夏季周二至周日9:00~19:00；冬季周二至周日9:00~18:00。交 搭乘地铁B线至Colosseo站下车

游 帕拉蒂诺山丘Palatino
罗马帝王的别墅区

MAP P39.C4

　　紧邻古罗马市集旁边的山丘，为当时帝王们的别墅区，主要包括三个王朝家族所建的主体。奥古斯都的宅第后来被并入弗拉维亚宫（Domus Flavia），成为今日这些建筑群中最引人遐思的地方，蛋形的喷泉花冢，配上罗马独特的海松，是昔日帝王的用餐之处。其中最雄伟的，要算是后期沿着山丘南侧峭壁而建的塞维鲁宫（Palazzo Settimio Severo），帝王贵族们可在此欣赏大竞技场上举行的刺激马车赛。

DATA 地 Largo Romolo e Remo 电 06 39967700 时 夏季周一至周日8:30~19:15；冬季周一至周日8:30~16:30。交 搭乘地铁B线至Colosseo站下车

游 大竞技场Circo Massimo
今昔都是绝佳运动场

MAP P39.C4

　　这是古罗马时期最大的运动场，从公元前4世纪开始扩建，一直到公元549年的最后一场竞赛为止，在此进行过无数的马车赛与运动竞技。场地中央立有计圈器，是七只铜铸的海豚，每跑完一圈便转动其中一只。奥古斯都大帝于公元前10年为竞技场增添了一根从埃及搬来的方尖碑，4世纪时君士坦丁二世又加了一根。当时可容纳25万名观众的大竞技场，今天只剩下模糊的轮廓，现在是罗马市民跑步与遛狗的好去处。

DATA 地 Via del Circo Massimo 交 搭乘地铁B线至Circo Massimo站下车

游 卡拉卡拉浴场Terme di Caracalla

古罗马不可或缺的公共建筑

MAP P39.C5

这座由卡拉卡拉大帝于公元217年所建的大浴场，曾被使用了300年，直到蛮族破坏水道为止，目前保存最为良好。罗马人洗澡是从蒸气浴开始，接着是温水浴、冷水浴，最后跳进露天游泳池作为结束，有钱人还可用加了香水的羊毛布做全身按摩。此外，浴场也是最佳的社交场所，这里可以健身，还有图书馆、花园和艺廊。如今在8月的仲夏夜夜还会上演露天歌剧，残垣断壁的背景，更增添了迷人的悠远意境。

DATA 📍 Viale delle Terme Caracalla 52 📞 06 39967700 🕐 夏季周二至周日9:00~19:15；冬季周二至周日9:00~16:30。🚇 B线Circo Massimo站

赏 圣克莱门特教堂San Clemente

摄影／Marco Genovesi

时代层叠的宗教圣殿

MAP P39.D4

这座教堂的主体分为三层，与街道等高的一层建于12世纪，半圆后殿有描绘植物与动物的马赛克镶嵌，圣女加大利纳小礼拜堂（Cappella di Santa Caterina）里则有15世纪修复的圣女殉教壁画。地下第一层建于4世纪，在1967年时发现了一口井，可能是当时的洗礼池，还有一幅描述在黑海底下的圣克莱门特坟茔中找到一位活着的男孩的故事，克莱门特是历史上第四位教宗。最下面一层是更古老的密特拉神殿（Tempio di Mitra），这种公元前1世纪由波斯传来的宗教信仰与那时的基督教势力旗鼓相当，其中举行圣餐仪式的餐室的祭台上还刻着杀死公牛的密特拉浮雕。

DATA 📍 Via di San Giovanni in Laterano 📞 06 70451018 🕐 9:00~12:30, 15:30~18:30。

游 阿皮亚古道Via Appia

走进古罗马时代的氛围

MAP P39.D4

由罗马市区东南侧的圣塞巴斯蒂亚诺门（Porta San Sebastiano）往郊外迤逦而去的，是公元前312年的执政官阿皮欧·克劳迪奥（Appio Claudio）所铺设的阿皮亚古道。古罗马人的习俗是"活在城内，死在城外"，因此这条古道两旁林立着各式各样的坟茔，其中还包括三处对外开放的集体地下墓穴，分别是圣卡利斯特（San Callisto）、圣塞巴斯蒂亚诺（San Sebastiano）、多米提拉（Domitilla）。这条古道的迷人之处不仅在于沿途的古墓，还有绵延的圆拱水道及别墅的废墟，当时所铺的大石板，或许早已凹凸不平，然而却是最具罗马古意的重要元素。

DATA 🚇 搭乘地铁A线至San Giovanni 站，换218路公交车即可到达。■旅游服务中心 📍 Via Appia Antica 58 📞 06 5135316 🕐 夏季周一至周日9:30~17:30；冬季周一至周日9:30~16:30。🌐 www.parcoappiaantica.org

游 坎皮多利奥山丘Campidoglio

俯瞰罗马的制高点
MAP P41.F4

由拉丁文Capitolinum衍生而来的这座小山丘，在罗马的整段历史中，果真如其意所指，成为"世界的首都"。帝国时期这里是罗马的卫城，政治与宗教仪式全在此举行，如今则是罗马市政厅的所在地。目前的建筑群是由米开朗琪罗（Michelangelo）于16世纪完成，除了大阶梯斜坡（Cordonata）以外，围绕在罗纹广场左右两侧的新宫（Palazzo Nuovo）与保守宫（Palazzo dei Conservatori）以地下室相通，为首都山丘博物馆群，内藏古罗马石雕及重要绘画。坎皮多利奥山丘的背后有曲折阶梯可下到古罗马市集，是眺望全景的好地方。

DATA 🏠 Piazza del Campidoglio 1 ☎ 06 82059127 🕐 博物馆周二至周日9:00~20:00开放参观

游 牛市集Foro Boario

一探保存良好的神殿遗迹
MAP P39.B4

紧邻台伯河畔的这个小市集，因被绿荫围绕而经常被人忽视，这里是古罗马共和时期的动物买卖场所。其中有两座保存非常好的小神殿，长方形的是波特努斯神殿（Tempio di Portunus），它是河与桥的保护神；圆形的是海格鲁斯神殿（Tempio di Eracle），是一位富有的罗马油商献给神的礼物。

位于市集对面的是科斯梅迪圣母教堂（Santa Maria in Cosmedin），门廊处摆了一张"真理之口"（Bocca della Verita`），从中世纪以来，便流传着说谎者若把手放进微张的口中，将会被咬断的说法。

DATA 🏠 Piazza della bocca della Verita`

赏 国立罗马博物馆Museo nazionale romano

欣赏古罗马艺术瑰宝
MAP P39.D2

1870年前在罗马出土的古物，大多存放在这座1889年成立的博物馆中。由于建筑主体是由戴克里先公共大浴场（Terme di Diocleziano）改成的，所以展品分成几个场所陈列。由米开朗琪罗设计的天使的圣母教堂（Santa Maria degli Angeli）中庭，主要展示石棺、马赛克与壁画的片块。

玛西摩宫（Palazzo Massimo）内展示的则是古罗马的人物石雕，罗马雕像风格重视写实，是后代历史研究的重要参考。至于八角厅（Aula Ottagona），也是不容错过的精彩角落，充满古罗马风格的砖砌八角圆柱浴场。内陈列一些大型铜雕，其中《休息的拳击手》（Pugilatore in riposo）手上还缠着布条，神态栩栩如生。

DATA 🏠 Viale Enrico de Nicola 79 ☎ 06 48903507 🕐 周二至周六9:00~14:00，周日与假日9:00~13:00。

巴洛克罗马景点区

喷泉、广场组成的华丽天主教国都

位于罗马市中心西北侧，虽然也有罗马帝国时代的建筑，但后继者翻新都城时，多把宫殿教堂筑于昔日遗迹之上，加上后来长期被宗教统治，为了荣耀上帝而美化市容，因此这一区域聚集了许多巴洛克风格的喷泉与宫殿建筑。

赏 威尼斯广场Piazza Venezia

名副其实的罗马中心

MAP P41.E3

在这处车水马龙的广场，最显眼的目标就是巨大的维多利欧艾曼纽纪念堂（Monumento a Vittorio Emanuele），这座纯白大理石的建筑完成于1911年，献给意大利统一后的第一位国王，却因为跟周遭的遗迹群格格不入，被戏称为"结婚蛋糕"。广场西侧的威尼斯宫（Palazzo Venezia）是1455年由威尼斯的红衣主教所建，属于文艺复兴早期的风格，之后作为威尼斯共和国在罗马的大使馆；1916年成为国有财产。法西斯统治期间墨索里尼（Mussolini）将其当成办公室，中央的阳台就是他对群众演讲之处。

DATA 搭乘64路公交车在Piazza Venezia站下车

游 特莱维喷泉Fontana di Trevi

许下重回罗马的心愿

MAP P41.F2

这座喷泉称得上是罗马最著名的景点之一，然而它的诞生却经历了312年，1450年便已计划改造，直到1762年才由罗马的建筑师尼科拉·萨尔维（Nicola Salvi）完成。中央立着海神雕像，在其脚底下有两只海精灵在驾驶马车，其中一匹马很狂野，另一匹却很温驯，象征大海的无常。据说古罗马帝国的将军亚克利巴（Agrippa）出征回来，行军到罗马市郊时，人疲马乏又累又渴，经一名少女指引而找到附近一处涌泉，于是他便在公元前19年筑水道将此"处女之泉"引到罗马，人们相信此水具有让人"重回罗马"的魔力，而成为今天的许愿池。

DATA Fontana di Trevi

游 万神殿Patheon
令人惊叹的完美圆顶

MAP P40.D2

　　万神殿的历史最早可追溯到公元前27年，是屋大维（即后来的罗马皇帝奥古斯都）的大将军亚克利巴（Marcus Vipsanius Agrippa）为纪念打败敌手安东尼与埃及艳后克娄巴特拉所建，但在公元80年时被一场大火烧毁。公元118～125年哈德良大帝（Hadrian）于原址重建新的万神殿。隐藏在正面三角楣与长柱背后的大圆顶，是它最受人赞赏的建筑技巧，高度与直径都是43.3米，唯一的光源来自圆顶顶端的洞眼。由于整座建筑都是由混凝土盖成，巨大的穹顶没有任何柱子或拱顶支撑，展现出高超的建筑力学技术。中世纪时，此罗马神殿被改为基督教堂，献给殉教者，原本镶嵌在门廊上的铜板于1632年被教宗乌尔班八世（Urban VIII）拿去炼铸成了圣彼得大教堂（Basilica di San Pietro in Vaticano）中央祭坛上的宝龛。几位意大利统一之后的国王、王后均葬在这里，还包括文艺复兴时期的俊美画家拉斐尔（Raffaello）。

摄影/拉萨文子

DATA 🏠 Piazza della Rontonda 📞 06 68300230 🕐 周一至周六8:30~19:30，周日9:00~18:00，假日9:00~13:00。

赏 米内瓦的圣母教堂
Santa Maria sopra Minerva

经典哥特式教堂建筑

MAP P40.D3

　　这座建于13世纪的教堂，因盖在米内瓦神殿废墟之上而得其名，并且是罗马极少数的哥特式风格典范建筑。位于其中的阿尔多布兰迪尼小礼拜堂（Cappella Aldobrandini）是优美的文艺复兴式样，内部埋葬着梅第奇家族的教宗莱昂内十世（Leone X）与他的表兄弟克莱门特七世（Clemente VII）。

　　教堂正面的小广场上有一座由巴洛克大师贝尼尼设计的方尖碑，基座是象征智能与悲悯的动物大象，两者完美结合，展现出这位天才对空间利用的高超技巧。

DATA 🏠 Piazza della Minerva 42 📞 06 679280 🕐 7:00~12:00，16:00~19:00。

游 纳沃那广场Piazza Navona
水花四溅的优美广场
MAP P40.C2

　　这片依着古罗马皇帝图密善（Domitianus，英文为Domitian）的大竞技场所改建的广场，如今仍保留着独一无二的长椭圆形。广场中央是巴洛克大师贝尼尼（Bernini）于17世纪设计的四河喷泉（Fontana dei Fiumi），由代表恒河、尼罗河、多瑙河与拉普拉塔河的四座人像托住中间的方尖碑。位于北侧的是海神喷泉（Fontana di Nettuno），而南侧的摩尔人喷泉（Fontana del Moro）亦是出自贝尼尼之手。外围的咖啡馆、街头艺人与艺术家，将广场的气氛点缀得热闹而悠闲。

DATA 地 Piazza Navona

赏 法兰西的圣路易教堂San Luigi dei Francesi
极其逼真的写实宗教画
MAP P40.C2

　　在这座建于1518年的法国国家教堂里埋葬着很多重要的法国人物，不过世人前来拜访的主要原因，应该是想一睹"受到诅咒的画家"卡拉瓦乔（Caravaggio）所创作的3幅写实画：《圣马太蒙召》（Vocazione di San Matteo）、《圣马太殉难》（Martirio di San Matteo）以及《圣马太与天使》（San Matteo e l'angelo），就放在左侧第5间礼拜堂里，当时还因首次出现把圣人画成脚丫肮脏的疲惫老人而使得教堂拒绝接纳他的画作。不过，用极具戏剧效果的光影来表现真实的紧张感，也成为卡拉瓦乔最著名的绘画手法。**DATA** 地 Via Santa Giovanna d'Arco 电 06 6833818 时 8:00~12:30，15:30~19:30。

赏 圣依搦斯蒙难教堂
Santa'Agnese in Agone
洋溢巴洛克的华丽风格
MAP P40.C2

　　与喷泉相对的圣依搦斯蒙难教堂，供奉的是公元3世纪在罗马殉教的圣女依搦斯（San Agnese），是由当时的教宗英诺森十世（Innocent X）的另一名爱将、亦是巴洛克风格设计大师的博洛米尼（Borromini）所建。

DATA 地 Piazza Navona

游 圣天使堡Castel Sant'Angelo

坚若磐石的堡垒

MAP P40.A1

高高地矗立在台伯河畔的圣天使堡，原是哈德良皇帝于公元130年为自己及家族所盖的大坟茔，这座建筑从那时候起就开始了其一连串的颠沛命运，先是被嵌进奥勒利安城墙，防止敌人入侵；公元590年瘟疫猖獗，民众游行到此看见天使长米迦勒（Archangel Michael）在城堡顶端将宝剑收入剑鞘，象征疾病的结束，因而改名为圣天使堡；中世纪时这里变成了监狱，后来教宗将此加固为防御堡垒，还建了一道走廊，连接梵蒂冈的房间，若是遇到政局不稳或是罗马被围城时，可以直接逃到城堡中做庇护。

DATA 地 Lungotevere Castello 电 06 39967600 时 周二至周日9:00~20:00 交 搭乘地铁A线至Lepanto站下车

游 巴贝里尼广场Piazza Barberini

向教宗致敬的广场

MAP P41.G1

广场由贝尼尼于1642年设计，"巴贝里尼"正是最钟爱这位巴洛克大师的教宗乌尔班八世的姓氏，这片广场因为中央那座海神喷泉（Fontana del Tritone）而显得动感十足。广场一角的树荫下，还藏着这位建筑师为了对保护他的教宗致上敬意所建的蜜蜂喷泉（Fontana delle Api），蜜蜂是巴贝里尼家族的代表徽章。由这座比较简朴的小喷泉后方往缤乔（Pincio）慢慢爬升的林荫大路，便是罗马上流社会的"甜蜜生活"所在、著名的威内托大道（Via Veneto）。

DATA 交 搭乘地铁A线至Barberini站下车

西班牙广场Piazza di Spagna
洋溢洛可可风情的甜蜜气氛

　　西班牙广场一带在16世纪后期经过都市规划整建后，便成为罗马的繁华之区，文坛巨匠拜伦、雪莱、歌德、考夫曼、巴尔扎克、司汤达都曾流连在附近的咖啡馆中寻求创作灵感，英国诗人济慈也是在其位于广场边的居所内与世长辞的。

　　这座广场的旅游重点是137级的西班牙阶梯，从广场沿着缤乔山丘迤逦而上的石阶，直通丘顶的圣三一教堂（Trinita` dei Monti），呈蝴蝶状的阶梯和教堂虽然都建于法王查理八世时代（1495年），但因广场旁矗立着西班牙大使馆而冠上了"西班牙"之名。在影片《罗马假日》中，奥黛丽·赫本(Audrey Hepburn)与格里高利·派克（Gregory Peck）站在阶梯上的经典画面，成了西班牙阶梯最知名的宣传广告。

　　虽然西班牙阶梯是广场上广受注目的主角，但是，天才的伏笔藏在阶梯下那座不起眼的破船喷泉（Fontana della Barcaccia）上。在西班牙广场上建造喷泉具有一定的难度，因为这块区域水压很低，只见得着涓涓流泉，喷不出让人赞叹的花样。只有贝尼尼父子（Pietro Bernini & Giovanni Lorenzo Bernini）能起死回生，他们撷取从台伯河泛滥景象所得到的灵感，造了艘行将沉没的破船，整座喷泉的造型和气氛都拿捏得令人拍案。不过，绝大多数的游客只在意广场周遭遍布的精品店，认得Giorgio Armani、Valentino、Gianni Versace等名设计师，少有人注意到贝尼尼挥洒的灵感。

DATA 🚇 搭乘地铁A线至Spagna站下车

游 埃斯奎利诺广场Piazza dell'Esquilino

以宏伟教堂为背景的广场

MAP P39.D3

广场上有一根教宗西斯都五世于1587年设立的方尖碑，背后那座雄伟的建筑便是大圣母教堂（Santa Maria Maggiore）。这座公元5世纪就已经存在的教堂，前前后后有好几位不同风格时期的建筑师为它整修过，不过整体的感觉却很和谐。教堂内部有描绘圣经故事的马赛克镶嵌，亦是公元5世纪的作品。

DATA 时 教堂周一至周日7:00~20:00开放参观
🚇 搭乘地铁B线至Termini或Cavour站下车

游 共和广场Piazza della Repubblica

新旧建筑和平共处

MAP P39.D2

罗马人经常称其为"半圆形广场"，似乎比较符合它的形状。中央的"水神喷泉"（Fontana della Naiadi）是由雕刻家卢泰利（Maior rutelli）于1901年设计的，四位裸体仙子姿态撩人地趴在代表四种水性的动物身上，海马代表海洋、水蛇代表河流、天鹅代表湖水、蜥蜴代表地下隐流。这片广场是被现代建筑切割得片片块块的戴克里先公共大浴场（Terme di Diocreziano）的遗迹，米开朗琪罗由原本的浴场建筑改建而成的天使的圣母教堂（Santa Maria degli Angeli）成为此广场最引人遐思的背景。

DATA 🚇 搭乘地铁A线至Repubblica站下车

游 人民广场Piazza del Popolo

欣赏优美的宗教艺术

MAP P39.B1

摄影 / Marco Genovesi

这片著名的三叉戟广场，就位于三条主要大道的交会尖端上。1589年教宗西斯都五世（Sixtus V）把原本立于大竞技场上的方尖碑搬到了广场中央；一个世纪之后，教宗亚历山大七世（Alexander VII）委托巴洛克建筑师拉依纳尔迪（Carlo Rainaldi）于蛋形广场南侧盖了神迹（Santa Maria dei Miracoli）和圣山（Santa Maria di Montesanto）两座献给圣母的双子星教堂；不过位于北侧城门旁的人民圣母教堂（Santa Maria del Popolo）的艺术价值更高，内有卡拉瓦乔的两幅杰作——《圣保罗的皈依》与《圣彼得被钉上十字架》。

DATA 🚇 搭乘地铁A线至Flaminio站下车

缤乔公园Pincio
曲径通幽的城市花园

MAP P39.B1

　　由人民广场东侧隐藏的曲折路径，就可以直接上到罗马人最喜欢散步的缤乔公园。早在古罗马时期，这里就已经是美丽的花园。1608年，红衣主教斯皮奥涅·博尔盖塞（Scipione Borghese）把这片位于奥勒利安壁垒外的家产变成了他的私人娱乐园，后来在1901年对外开放。今天的模样，

则是来自荷兰的设计师瓦拉迪埃（Giuseppe Valadier）于19世纪初期设计的，在充满海松、棕榈与槐树的绿意中，处处可见意大利伟人雕像，是最受欢迎的"passeggiata"（看人也让人看）之处。此外，这里还有一家精致的茶馆，以及哈德良皇帝（Hedrian）为纪念其爱人所建的方尖碑。

摄影 / Marco Genovesi

DATA 入口在Piazza Flaminio、Piazza del Popolo、Via Trinita dei Monti与Corso Italia。

博尔盖塞美术馆Galleria Borghese
收藏名家之作的小美术馆

MAP P39.C1

　　这座由红衣主教斯皮奥涅·博尔盖塞在17世纪下令兴建的别墅中，展出的是他的叔父、教宗保罗五世（Paul V）送给他的古文物，以及他所收藏的巴洛克大师贝尼尼最教人赞叹的

大理石雕，如《掠夺玻尔塞福涅》（Ratto di Proserpina），掐入肌肉中的手指，让冰冷的大理石雕像瞬间变得栩栩如生。其他著名收藏还有拉斐尔的《卸下圣体》、提香的《圣爱与俗爱》等。

DATA 周二至周日9:00~19:00开放 搭乘地铁A线至Flaminio站下车

摄影 / Marco Genovesi

游 越台伯河区Trastevere

喂饱罗马人的一区

MAP P39.B4

位于台伯河东岸的贾尼科洛（Gianicolo）山脚下，这是罗马人最喜欢聚集的一区，弯弯曲曲的小径，似乎自中世纪以来就没有被碰触过。越台伯河区的圣母教堂（Santa Maria in Trastevere）可能是基督教在罗马的第一个正式场所，据传它是由教宗加里斯都一世于公元3世纪所建，当时此信仰尚未普遍。教堂的大部分都是在12世纪完成

的，所以带着浓浓的中世纪风格。越台伯河区的魅力在于它潜藏于古径中的脉动，餐厅、小酒馆林立，是罗马年轻人夜生活最喜爱的去处。

DATA 🚇 搭乘64路公交车至Lago di Torre Argentina，再换8路街车过河即可到达。

食 卢卡提诺Rugantino

轻松享用乡村美食

MAP P39.B4

这家标榜"越台伯河区最古老的小酒馆"，虽然位于越台伯河区最主要的大马路Viale di Trastavere旁，却依然拥有令人愉悦的用餐环境，而且紧邻Via della Lungaretta使得它更加迷人，因为这条禁止车辆进入的石板路，正是越台伯河区的灵魂所在。餐厅内部用火腿、锅盆及酒瓶点缀出一片平易近人的乡村风情，在这里用餐可以像在家中般自在。

DATA 📍 Piazza Sonnino 6/Via della Lungaretta 54 ☎ 06 5882101

食 酒神之灵

建筑悠久的精致餐厅

MAP P39.B4

原本是中世纪时的犹太修辞学家在运动员小径（Vicolo dell'Atleta）建立的一座希伯莱神殿，如今这家餐厅的侧门仍保留着当时的大理石圆拱回廊。曾经是神殿、修道院、面包店、私人住宅及仓库的"酒神之灵"餐厅，周遭环境虽古意悠悠，内部却是现代风格的布置，并且提供非常精致的美食；走下阴凉的地下酒窖，罗马共和时期的网状砖墙仍历历可见，是一家充满故事的餐厅。

DATA 📍 Via dei Genovesi 31a/b, Vicolo dell'Atleta 13 ☎ 06 5896689 🌐 www.spiritodivino.com

近郊顺游

古罗马时期的海港城市

奥斯蒂亚古城Ostia Antica MAP P5.C4

这座位于台伯河入海口附近的城市，根据考古的研究，应该是在公元前4世纪时奠基的，是一座防御性的城寨，主要用来侦测从水路前来攻击罗马的敌军。在500年的时间里，这座城市就发展出重要的规模，公元前1世纪开始扩展新的城墙，拥有多座观测塔与三个城门，分别是罗马门（Porta Romana）、海门（Porta Marina）与劳兰蒂那门（Porta Laurentina）；同时，一条宽9米、长达2千米的主要大道横贯东西。公元1~3世纪是该城最繁荣的时期，不过接下来一连串帝国晚期的危机，造成了奥斯蒂亚的逐渐没落，终于在10世纪时遭到弃置。

在充满阳光的日子前来拜访这座古城，是非常舒服的享受。走在由大块火山岩铺成的主要大道（Documano Massimo）上，两旁不时可见剧院、广场、神殿、市集、小磨坊、公共浴场、民宅楼房……或许早已人去楼空，但那些拱廊、马赛克、石雕仍在叙述着当初的繁华，而透过挺立的海松、徐徐的微风传来大海的声音，使得躲在绿荫中的古城似乎又活了过来！

DATA 06 56352830 夏季周二至周日8:30~18:00；冬季周二至周日8:30~16:00。搭乘地铁B线至Piramide站，然后由Ostiense火车站换火车前往。

>> 顺游2　**罗马人水戏的极致之作**

蒂沃利Tivoli

MAP P5.C3

蒂沃利位于罗马东北约31公里处的提布提尼山（Monti Tiburtini）的斜坡上，充沛的水源与宜人的气候，使它从古罗马时期开始，便成为王公贵族最喜欢盖别墅的地方。

喜爱旅行的哈德良皇帝也热衷于建筑，公元117年他决定把自己的所见所闻化为理想中的哈德良离宫（Villa Adriana）。这片占地3平方公里的建筑群中，以卡诺波（Canopoa）最富诗意，长达200米的人工湖泊四周围绕着拱门与雕像，是这位皇帝献给他所迷恋的早逝希腊美少年安提诺马斯（Antinoo）的；其次是海上剧院（Teatro Marittimo），由40根伊奥尼亚式长柱围成圆形渠道，水中央有用小桥相连的小岛，把希腊哲学的意境发挥得淋漓尽致。

至于由德埃斯特家族的红衣主教伊波里托（Ippolito）于1550年所建的德埃斯特别墅（Villa d'Este），则把罗马人最擅长的"水戏"运用到出神入化的地步！建筑师引来附近的山泉水，利用毛细管原理在庭园中制造出一处处教人惊讶的奇景。从蛋形喷泉（Fontana dell'Ovato）的水帘后面穿过，就像在探访精灵的洞穴；壮观的管风琴喷泉（Fontana dell'Organo），多层次的立柱式喷泉往下迤逦入方池中，原本还会冲洒管风琴让它发出声音。100个喷泉沿着墙边一字排开，把"千泉宫"的美展露无遗！

DATA 🌐德埃斯特别墅www.villadestetivoli.info🕐哈德良离宫周二至周日8:30~日落前1小时开放参观；埃德斯特别墅周二至周日8:30~日落前1小时开放参观。🚇地铁B线至Tiburtina站，换长途巴士前往。

▶▶ 顺访国中之国

世界上最崇高的宗教国家

梵蒂冈 | Vaticano

　　1929年2月11日教会与意大利政府签订的拉特朗协定（Lateran Treaty），确立了梵蒂冈至高无上的独立地位。梵蒂冈的国土面积只有0.44平方公里，以雷欧利内城墙（Mura Leonine）和圣彼得广场上的贝尼尼长柱与罗马为界；不过它虽然是世界上最小的国家，却拥有完整的行政、警察、司法、邮政、军队系统。

　　教宗被世人视为基督在尘世的代言人，因为他们从罗马的第一任教主圣彼得那里接受了这个权力，然而随着历史的发展却很难让人不把他们与政治联想在一起；君士坦丁驾崩，甚至还有人伪造手谕，说这位改信基督的罗马皇帝把帝国托付给了当时的罗马教宗，从此开始了他们在欧洲各国之间翻云覆雨的历史；文艺复兴时期的朱利奥二世（Giulio II）和莱奥内十世（Leone X）生活起居之奢华，甚至可媲美君王，真是名副其实的"教皇"！由于教会的腐败，加上马丁·路德提倡的宗教改革运动的兴起，教宗的势力逐渐没落；为了吸引教徒重回罗马朝圣，也为了把罗马建设得符合天主教国都的身份，繁复与夸张的装饰造就了这座巴洛克重镇的诞生。

TRAVEL INFO

注 每周三教宗会在广场上举行宗教仪式，因此这个时候广场与教堂是暂时关闭的。

交 搭乘地铁A线至Ottaviano–S.Pietro站下车

信徒与游客服务中心
电 06 9883462
网 www.vaticanstate.va

梵蒂冈全图

0　150　300M

VIALE VATICANO
VIA LEONE IV
VIA ANGELO EMO
VIA DI PORTA ANGELICA
VIALE VATICANO

梵蒂冈博物馆
Musei Vaticani

梵蒂冈
Città del Vaticano

Giardini Vaticani

圣彼得大教堂
Basilica di San Pietro

圣彼得广场
Piazza San Pietro

Stazione Vaticana

VIA DEL SANT'UFFIZIO

VIA AURELIA

V. PORTA CAVALLEGGERI

VIA DELLE FORNACI

N

圣彼得广场Piazza San Pietro
造型象征拥抱世界信徒

MAP P56.C2

1656~1667年是贝尼尼大肆挥洒才华的年代，他为梵蒂冈设计了宽达240米的椭圆形大广场，由280根长柱、每4根一组地围出令人震撼的视觉效果，长柱的顶端竖立了162尊圣人的雕像。中央的方尖碑原本被摆在尼禄的大竞技场上，中世纪时被移到了教堂这里。其实此广场具有神圣的象征，大教堂代表基督的身体，而两道圆形的长廊正是耶稣张开的双臂，随时准备要拥抱从世界各地前来的信徒。

DATA 地 Piazza San Pietro

圣彼得大教堂Basilica di San Pietro
感受宗教巨大而神圣的力量

MAP P56.B2

圣彼得于公元64年葬于他被钉上十字架之处附近的地下墓穴，这里也正是罗马暴君尼禄的大竞技场之所在。到了324年，君士坦丁下令在彼得的坟茔上兴建了教堂。15世纪时这幢建筑物因太老旧危险而被拆除重建；1452年开始整修计划，文艺复兴时期的教宗朱利奥二世先后任命布拉曼特（Bramante）与米开朗琪罗担任建筑师，后者设计了高达132.5米的大圆顶，新的教堂于1626年落成；20米高的中央祭坛宝龛则出自17世纪巴洛克大师贝尼尼的巧手。一走进大教堂就能感受到宗教力量的伟大，让艺术也甘愿臣服其下，右侧第一间小祭堂里有米开朗琪罗25岁时在罗马完成的雕塑杰作《圣殇》（Pirtà）。

DATA 地 Piazza San Pietro 时 教堂11月至次年3月7:00~18:00，4月至8月7:00~19:00；大圆顶冬季8:00~17:00，夏季8:00~18:00。

梵蒂冈博物馆Musei Vaticani

欣赏文艺复兴时期艺术大成　　　　　　　　　　　　MAP P56.B2

罗马的教宗虽是宗教领袖，然而有400年的时间，他们在艺术买卖与赞助上扮演了重要的角色，今天的梵蒂冈博物馆就是其耀眼的成果，馆藏之丰居意大利半岛之冠，收藏品的年代从古埃及、文艺复兴到20世纪，横跨5000年。若想要仔细观赏，至少要花上5个小时，其中有一些更是经典中的经典，无论如何都不能错过。

公元前1世纪的希腊雕刻群像《劳孔》（Laocoonte），表现的是特洛伊祭司与其子和双蛇缠斗的情景，充满张力。古罗马时期模拟的《观景台的阿波罗》（Apollo del Belvedere）雕像，完美展现了古典美学的理想比例。16世纪米开朗琪罗为教宗朱利奥二世（Giulio II）在西斯廷礼拜堂（Cappella

《观景台上的阿波罗》

拉斐尔的《雅典学院》

Sistina）所绘的《创世记》与《最后审判》，那些肌肉紧张的扭曲人体令人印象深刻，而拉斐尔为同一位教皇所绘的一系列《房间》（Le Stanze di Raffaello），表现出和谐的宗教与哲学思想。

　　文艺复兴重拾古希腊罗马的精神，两相对照之下，展露无遗。这颗种子原本在佛罗伦萨开花，后来却在罗马结了果，并成为矫饰主义的前身，之后还引爆了令人震撼的巴洛克主义。

DATA 地 Citta` di Vaticano, Viale Vaticano 电 06 69884947、06 69884676 时 4月至次年10月周一至周五8:45~16:45；11月~3月周一至周五8:45~13:45；周六与每个月最后一个周日9:00~13:45。网 mv.vatican.票va 14欧元

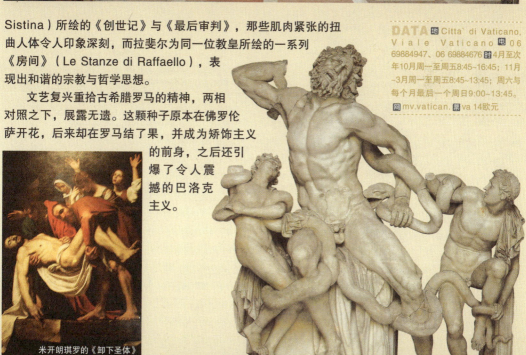

米开朗琪罗的《卸下圣体》

《劳孔》

✚ 流行与摩登的大都会

米兰
Milano

城市侧写

相传米兰是由公元前6世纪入侵的高卢人所建立，这个族群的首领根据七位先知占卜的结果，必须找到背上长了一半毛发的野猪觅食的地方来奠基，因而称该地为 Mediolanum，是"中间有毛"之意，而演变成今天的 Milano。

西罗马帝国灭亡之后，米兰遭受多次的蛮族蹂躏，还成为残暴的伦巴第人（Longobardi）的属地。中世纪时，维斯康蒂家族（Visconti）兴起，扩大了领土的范围，后继者斯福尔扎家族（Sforza）招揽了当时最优秀的建筑师与艺术家来美化他们的朝廷。该家族势力式微后，米兰落入法国、西班牙与奥地利的统治之下，直到意大利统一之后，才获得独立自主的地位。1861～1920年，米兰发展为真正的工业大城，第二次世界大战期间虽遭到严重的轰炸，不过战后的迅速重建，让它与都灵、热那亚成为坚强的工业"铁三角"。

今天的米兰展现出摩登的面貌，银行、证券商、大型百货公司在新古典风格的大楼的装点之下，有一种不同于玻璃帷幕的优雅气息。意大利顶尖的设计师把也这里当做了大本营，不管是时装或是家饰产品，甚至连建筑，都是美学上的视觉飨宴。

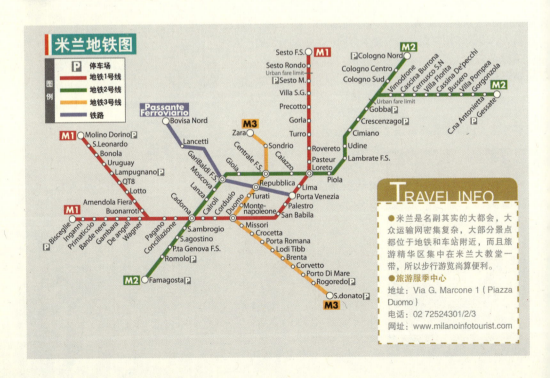

米兰地铁图

图例
- P 停车场
- 地铁1号线
- 地铁2号线
- 地铁3号线
- 铁路

TRAVEL INFO

● 米兰是名副其实的大都会，大众运输网密集复杂，大部分景点都位于地铁和车站附近，而且旅游精华区集中在米兰大教堂一带，所以步行游览尚算便利。

● 旅游服务中心
地址：Via G. Marcone 1（Piazza Duomo）
电话：02 72524301/2/3
网址：www.milanoinfotourist.com

米兰市中心图

赏 米兰大教堂Duomo

哥特式建筑的代表

MAP P61.D3

　　从1386年第一块石头奠基，到1965年五扇大铜门完成，前前后后施工将近600年。1395年维斯康蒂家的公爵吉安·加莱亚佐（Gian Galeazzo）聘请来自伦巴第区（今天米兰所在的省份）的德国与法国的建筑师，更开辟大运河来载运坎多尼亚（Candoglia）的大理石，才造就出米兰大教堂如此洁白又精细的外貌。这座世界上第三大的教堂几乎可以被称为哥特式风格精髓的代表作，屋顶3500多尊立在尖塔上的圣人、动物与怪兽的小雕像，加上层层叠叠的拱脚，精雕细琢的鬼斧神工，必须身临其境，才能体会出这座气势磅礴壮丽的建筑为何能看来如此轻巧。

DATA 🗺 Piazza del Duomo 📞 02 860358 🕐教堂7:00~19:00开放；屋顶3月至8月、11月9:00~17:45开放，其余为9:00~16:15。🚇搭地铁红线或黄线至Duomo站下车

赏 艾曼纽二世回廊Galleria Vittorio Emanuele II

满足米兰人的生活需求

MAP P61.D3

　　1865年由建筑师朱塞佩·曼哥尼（Giuseppe Mengoni）设计，并于两年后落成的这座回廊，是为了献给当时的国王艾曼纽二世，而这位国王也参与了它的开幕典礼。

　　这座回廊的功能是连接米兰大教堂与斯卡拉歌剧院（Teatro alla Scala）两片广场，中央的圆顶高达47米，地板上铺着意大利四座重要城市的代表徽章，分别是都灵的公牛、罗马的母狼、佛罗伦萨的百合、米兰的白底红十字。回廊中林立着精品店、唱片行、书店、快餐店、餐厅和咖啡馆，说它是米兰市民的"大客厅"确实是实至名归。

DATA 🗺 Piazza del Scala, piazza del Duomo 🚇搭地铁红线或黄线至Duomo站下车

赏 斯卡拉歌剧院Teatro alla Scala

金碧辉煌的表演舞台

MAP P61.D3

由建筑师朱塞佩·皮尔马利尼（Giuseppe Piermarini）设计的斯卡拉歌剧院，始建于1776年，两年后落成，1778年8月3日正式启用，由于正好建于14世纪的斯卡拉圣母教堂（Santa Maria della Scala）旧址上，因而沿用其名。

第二次世界大战时这座剧院虽被炸毁，不过战后便迅速重建。内部装饰金碧辉煌，全以木质金漆打造，并拥有六层包厢，共可容纳2000多名观众。而广达1200平方米的舞台，更是全意大利数一数二的大型表演舞台之一。

DATA 地Piazza della Scala 电02 8053418 时5月到10月每日9:00～12:00，14:00～17:00；11月至4月周日不开放。网www.teatroallascala.org 交搭地铁红线或黄线至Duomo站下车

位于侧边的歌剧院博物馆（Museo del Teatro），展出与剧院历史相关的传记、图画、雕像、戏服等物品，仅是关于威尔第的藏品就有两个室，喜爱戏剧者可入内参观。

赏 精品区Quadrilatero della Moda

米兰的时尚金四角区

MAP P61.D3

介于蒙提拿破仑大道（Via Monte Napoleone）与史皮卡路（Via della Spiga）之间的区域，错落其间的圣安德烈路（Via Sant'Andrea）、耶稣路（Via Gesù）、圣灵路（Via Santo Spirito）、鲍格斯皮索路（Via Borgospesso）都是精品名店分布的范围。Gucci、Valentino、Giorgio Armani、Gianni Versace、Prada、Dolce & Gabbana……几乎所有意大利的顶尖品牌都在此设有据点，可以说是流行时尚的朝圣地，即使没有购物预算，只是欣赏别具风格的橱窗设计，就令人大呼过瘾。

DATA 交搭地铁红线San Babila或黄线至Montenapoleone站下车

买 贝克食品店Peck

包罗万象的精致食品店

MAP P61.D3

这幢美丽的自由艺术风格大楼，是一家非常精致的食品店。一楼是美食区，贩卖各种生鲜蔬果、奶酪、橄榄油、酒醋等食品作料，中间夹层是酒窖区，藏有来自意大利各地酒产区的葡萄酒达14000瓶以上。二楼则是酒吧、面包坊、茶屋和冰激凌店，逛完琳琅满目的商店之后，不妨来此喝杯咖啡，体验米兰人的优雅情趣。

DATA 地Via Spadari 9 电02 860842、02 860843 网www.peck.it

赏 斯福尔扎城堡Castello Sforzesco
文艺复兴大师的杰作

MAP P61.C2

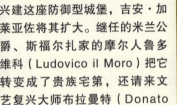

1368年维斯康蒂家的加莱亚佐二世（Galeazzo II）下令兴建这座防御型城堡，吉安·加莱亚佐将其扩大。继任的米兰公爵、斯福尔扎家的摩尔人鲁多维科（Ludovico il Moro）把它转变成了贵族宅第，还请来文艺复兴大师布拉曼特（Donato Bramante）和达·芬奇来美化他的宫廷。

今天这座城堡是市立博物馆（Civici Musei del Castello Sforzesco）的所在地，展出古罗马石雕、中世纪兵器、达·芬奇设计的木板厅（Sala delle Asse）以及米开朗琪罗的最后一件作品《隆达尼尼的圣殇》（Pietà Rondanini）。

DATA 地Piazza Castello 电02 62083940 网www.milanocastello.it 时城堡周一至周日8:00~20:00开放；博物馆冬季周二至周日9:30~17:30，夏季周二至周日9:30~19:00开放。交搭地铁红线至Cailori或Cadorna站下车，或搭绿线至Lanza或Cadorna站下车。

赏 圣玛利亚感恩教堂Santa Maria delle Grazie
以《最后的晚餐》闻名于世

MAP P61.B3

这座教堂的外观是非常典型的伦巴第风格的红砖墙，1490年由索拉里（Solari）设计完成，不过两年之后斯福尔扎家的摩尔人委托布拉曼特将之改成家族的专用坟茔，拆除了原先的半圆后殿，重建成文艺复兴式的讲道台，所以如今教堂内部呈现两种不同风格的装饰。

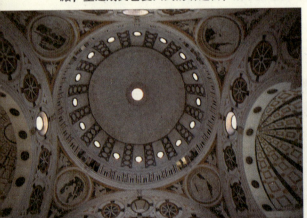

在紧邻教堂旁边的教士用餐室内，摩尔人鲁多维科于1495年聘请达·芬奇创作了一幅举世闻名的巨大壁画《最后的晚餐》（Ultima Cena），这幅画描绘的是当耶稣说出"你们之中有人出卖我"这句话之后使徒们的表情，表现出达·芬奇一贯的动态临界点手法。这幅壁画因2003年出版的畅销小说《达·芬奇密码》更添神秘色彩。不过由于达·芬奇使用较易脱落的"蛋彩画法"（Tempera Painting）创作，加上数百年岁月的摧残，壁画严重损坏，目前严格控制参观人数。

DATA 地Piazza Santa Maria delle Grazie 电02 4676111，观赏《最后的晚餐》预约电话02 89421146。网www.cenacolovinciano.it 时教堂7:00~12:30，15:00~19:00；"最后晚餐"餐室10月至次年5月周二至周日9:00~18:15，6月至9月周二至周五8:15~18:45、周六至22:15，强制预约。交搭地铁红线至Conciliazione或Cadorna站下车，或搭绿线至Cadorna站下车。

马金塔酒吧Bar Magenta

重温20世纪初的优雅氛围

MAP P61.B3

　　紧临圣玛利亚感恩教堂，车辆穿梭往来的马金塔大道（Corso Magenta），洋溢着20世纪初的怀旧意味，古朴的杂货店、面包坊，仍散发着昔日米兰的优雅气氛。同名酒吧位于交叉口，自由风格的圆弧装饰正是那个时期盛行的余韵，如今米兰人还是习惯在中午来此吃顿简餐，或是晚上喝杯啤酒。由于本店消费层很年轻，这种新旧的交织让周遭环境更加迷人。

DATA 地 Via Carducci 13 电 02 8053808

长柱之圣洛伦佐教堂San Lorenzo alle colonne

洋溢罗马风格的圣殿

MAP P61.C4

　　这是一座跨越时空的建筑群，以基督为主体，呈现罗马式的格局，并以16根原属公元2~3世纪不知名异教神殿的石柱，排列出象征门厅的开放式入口。

　　教堂前方广场中央立着君士坦丁大帝铜像，他于313年在米兰颁布终止迫害基督徒宽大法令。教堂的大圆顶在1573年时因塌陷而重建，至于教堂的正面，则是1894年由建筑师塞萨尔·纳瓦（Cesare Nava）加上去的。米兰的冬夜经常起雾，穿梭在这座教堂的长柱之间，听着街车驶过的隆隆声，感觉迷离而不真实。

DATA 地 Corso di Porta Ticinese 39 电 02 89404129 时 周一至周日7:30~18:45开放 交 搭地铁黄线至Missori站下车

圣安布鲁乔教堂Sant'Ambrogio

带着朴实利落之美的建筑

MAP P61.C4

　　公元379~386年间，米兰的主教圣安布鲁乔在早期基督徒的坟场上兴建了这座教堂，到了8世纪的时候，本笃教派又将其扩建。9世纪时，大主教安斯贝多（Ansperto）筑墙围起前厅，使得这座教堂拥有了如此特殊的门面。往昔尚未筑起砖墙的门厅，是民众遇到危险时的躲避处，不过多了这层遮掩之后，却使得毫无装饰的正面更具简朴的线条之美，两侧带有罗马伦巴第风格的钟塔，更加强了这种简单利落的效果。

DATA 地 Piazza Sant'Ambrogio 15 电 02 86450895 时 周一至周日7:00~12:00、14:30~19:00。 交 搭地铁绿线至Sant'Ambrogio站下车

圣艾格咖啡小酒馆Sans Égal
用餐放松的绝佳场所
MAP P61.D2

位于米兰艺术学院（Accaclemia d'Belle Arti di Brera）前的这条布雷拉路（Via Brera）上坐落着不少露天咖啡馆，由于距离精品区不远，是逛街歇脚的好去处。其中的圣艾格咖啡小酒馆，中午时分可见许多衣着高雅的上班族在此用餐，不过它的面貌不只一种，到了入夜时分便化身为小酒馆，吸引了许多年轻人到这里来欣赏现场音乐演奏。

DATA 地 Vicolo Fiori 2 电 02 8693096

纪念墓园Cimitero Monumentale
多位名人的安息场所
MAP P61.C1

不要听到墓园就联想到阴森、冷寂，这座位于米兰市区西北的纪念墓园，面积广达25万平方米，就像一座庞大的露天博物馆。

1860年，由于现已废弃的街道坟场早已不敷使用，为了维持城市卫生，米兰市政府决定扩大墓园。建筑师马恰基尼（Carlo Maciachini）赢得了竞图，新的墓园于1866年落成启用。19世纪的历史小说家、《约婚夫妇》（Promessi Sposi）的作者孟佐尼（Manzoni），爱因斯坦的父亲赫尔曼（Hermann Einstein）都葬在这里。

因为这座墓园规划整齐，漫步在此并不会感觉阴森，而且这些沉默的碑石似乎具有神秘的安抚力量，再大的愤怒、再抑制不住的冲动，面对它们时，全都化为乌有。

DATA 地 Piazzale Cimitero Monumentale 电 02 6599938 时 周二至周五8:30~16:30，周六、周日8:30~17:00。 交 搭街车3、4、11、12、14、29、30、33号至Cimitero Monumentale站下车。

近郊顺游

>> 顺游1　**维斯康蒂家族的大本营**

帕维亚Pavia　　MAP P5.A2

　　位于米兰南边的帕维亚，在罗马帝国成立之前就已经存在。公元前1世纪，在罗马人的占领之下，其重要性越来越显著。从西罗马帝国灭亡后一直到11世纪，都是蛮族伦巴第人的首都，后来更成为日耳曼红胡子大帝联盟下的自治政府。

　　1359年维斯康蒂家族成为帕维亚的领主，这里成为加莱亚佐二世的朝廷所在。这座城市洋溢浓厚的伦巴第风格，处处可见红砖建筑，同时中世纪遗留下来的高塔与古迹也不少，所以城市的景观既严谨又古朴。此外，也有为数不少的宫殿拥有文艺复兴时期或是巴洛克风格的正立面。

　　这座小城最活泼的市中心就在维多利亚广场（Piazza della Vittoria），这里是14世纪中叶时，维斯康蒂家族为了宣扬权威而辟，地面以小石板铺成环状图案，周遭围绕着半圆拱廊和14、15世纪的宫殿，如今，这处古朴的广场成为市民碰面聚会的主要场所。南侧的主教堂（Duomo）是1488年拆掉原先的老教堂后兴建的，最初的设计建筑师是乔瓦尼·安东尼奥·阿马德奥（Giovanni Antonio Amadeo），后来又经过布拉曼特、达·芬奇等人修改，呈现出完美的文艺复兴风情。

　　城区北侧还留有旧日城墙的片段遗迹，车水马龙大道的背景，正是维斯康蒂与斯福尔扎家族的城堡宅第（Castello），为此城的领主加莱亚佐二世于1360～1365年所建。

　　此外，位于帕维亚北部城郊8千米处的帕维亚修道院（Certosa di Pavia）也颇值得拜访。庞大的建筑群是伦巴第文艺复兴时期的杰作，维斯康蒂家的吉安·加莱亚佐、斯福尔扎家的摩尔人鲁多维科与他非常年轻的妻子比阿特丽斯·德埃斯特（Beatrice d'Este）都葬在这里，内部拥有许多具有极高艺术价值的作品，而圆拱围绕的大、小中庭，是品味修道院宁静气氛的最佳去处。

DATA 🚃 由米兰中央车站搭火车，约需40分钟。出了火车站，沿着加富尔大道（Corso Cavour）直走，约10分钟就可到达小小的市中心。要前往帕维亚修道院（Certosa di Pavia），可在火车站前搭长途巴士。

旅游服务中心 🏠 Via F. Filzi 12 ☎ 0382 22156 🌐 www.turismo.provicia.pv.itpv.it

近郊顺游

>> 顺游2 贡扎加家族的宫廷城市

曼托瓦Mantova　　MAP P5.B2

位于伦巴第与威内托两区交界处的曼托瓦，曾是伊特鲁里亚人（Etrusco）与罗马人的殖民地，不过它最辉煌的时期却是在贡扎加家族（Gonzaga）的统治之下，从14世纪到18世纪的"黄金四百年"。贡扎加把整座城市当做自己的宫廷来建设，因此洋溢着强烈的个人特色。

DATA 从米兰的中央车站搭火车，约需1小时50分钟。曼托瓦的市区不大，甚至到堤宫（Palazzo Te）都可徒步轻松到达。
旅游服务中心 Piazza Mantegna 6 ang. Portici Broletto 0376 432432 www.turismo.mantova.it

被明乔河（Mincio）三面围绕、类似半岛状的老市区，有一股遗世独立的味道，推崇艺术的领主聘请当时最负盛名的文艺复兴天才，如安德里亚·曼坦那（Andrea Mantegna）、莱昂·巴蒂斯塔·阿尔伯蒂（Leon Battista Alberti）、朱利奥·罗马诺（Giulio Romano）等人来美化他的宫殿与市容，造就出精致优雅的环境，也让贡扎加这个名字化为不朽。

走在曼托瓦的街道上真是一种享受，绵延不断的拱廊下点缀着美丽的橱窗与香醇的咖啡馆，让人不时驻足流连。位于市中心的香草广场（Piazza delle Erbe）充满勃勃生机，摊贩与当地市民组成了小城活泼的日常生活。建于11世纪的圆形圣洛伦佐教堂（San Lorenzo），则为广场增添了迷人的古典气息。由此沿着布勒诺多广场（Piazza Broletto）走下去，就来到索尔德罗广场（Piazza Sordello），广场周围环绕着由昔日的罗马式教堂扩建的主教堂（Duomo）、内部如迷宫般的公爵府（Palazzo Ducale）与连在一起的圣乔治城堡（Castello di San Giorgio）等重要建筑。

此外，曼托瓦还有一处不容错过的地方，就是位于老市区南侧边缘的堤宫（Palazzo Te）。这间别墅由重量级的建筑师朱利奥·罗马诺于1525年设计，坐落于一片未经开垦的地区，是贡扎加家族的费德里可二世（Federico II）休闲玩乐的处所，内部的装饰壁画几乎成为经典，尤其是从天花板整片延续下来的巨人厅（Sala dei Giganti），震撼效果十足。

>> 顺游3 小提琴的故乡

克雷蒙纳Cremona　　MAP P5.B2

位于米兰东南侧的克雷蒙纳，雄踞在波河畔的战略位置上，公元前218年就已是颇具重要性的罗马都市。蛮族入侵后，开始把城市的范围往旧城墙外扩展，中世纪及文艺复兴时期，许多贵族的宫殿纷纷出现，14~17世纪之间，绘画与诗琴艺匠的专精技巧，更巩固了这座小城崇高的艺术地位。

此城老市区最醒目的建筑当属在1190年就已完成的主教堂（Duomo），不过后续仍有许多增建与装饰，彩色大理石的正面与南、北两翼的门面于13~14世纪之间陆续施工，而高达111米的大钟楼（Torrazzo），在1309年加上顶端的尖塔后才算正式完工。古罗马时期就已存在的洗礼堂（Battistero），是砖砌的八边形，北边与东北两侧用大理石美化，让它与大教堂更协调。

位于主教堂对面的市政厅（Palazzo Comunale）建于1206年，1246年时又加以扩大，至于正面则一直装饰到19世纪才结束，二楼有几间大厅可以参观，最不可错过的当然是最具克雷蒙纳特色的小提琴厅（Saletta dei Violino）。

DATA 从米兰中央车站搭火车，约需1小时。从火车站前的运动大道（Via Palestro）直走，约15钟就可到达市中心。
旅游服务中心 Piazza del Comune 5 www.aptcremona.it

不可不知

远近驰名的小提琴之城

从16世纪就开始的制琴艺术，是克雷蒙纳历史悠久的传统，今天有很多的演奏家都用这里制作的小提琴来诠释动人的音乐。1505年诞生于此的安德里亚·阿玛蒂（Andrea Amati）被公认为小提琴之父；稍后期的安东尼奥·史特拉底瓦里（Antonio Stradivari）也在此工作，制造了上百支乐器；还有非常杰出的朱塞佩·瓜纳里（Giuseppe Guarneri del Gesù）所做的小提琴，亦是经典。在公共王宫中就保存了出自这些制琴大师之手的五把顶尖之作。

>> 顺游4　深入加尔达湖中的珍珠

锡尔苗内Sirmione　MAP P5.B2

　　介于米兰与威尼斯中间的加尔达湖（Lago di Garda）是意大利境内最大的湖泊，是冰河融化后形成的，因此呈现北窄南宽的形状。自古以来，这座湖泊便受到卡塔洛（Catullo）、但丁、歌德这些作家诗人的赞赏。

　　在湖的南侧有一座凸入水中的半岛，位于其上的滨湖小城锡尔苗内极受游客的喜爱，13世纪统治维罗纳的斯卡里杰利家族（Scaligeri）在此盖了一座斯卡里杰拉碉堡（Rocca Scaligera），旧城区便由此展开。不过半岛上意境最幽远的，要数位于最北端的"卡塔洛洞穴"（Grotte di Catullo），卡塔洛是公元前1世纪的拉丁诗人，这座别墅废墟属于他的家族所有，衬着碧蓝的湖水，穿梭于点缀着橄榄树的残垣断壁之间，仿佛走在失落的世界里。

DATA 🚗 从米兰中央车站搭火车于Desenzano del Garda/Sirmione站下车，约需1小时45分钟，再转换公交车前往。
旅游服务中心 ☎ 030 914116 🌐 www.lago-di-garda.org

都灵

✝ 充满法国味的工业大城

都灵
Torino

城市侧写

　　都灵是意大利西北部与法国接壤的大区皮埃蒙特（Piemonte）的最大城市，最为人熟悉的就是尤文图斯（Juventus）足球队与菲雅特（Fiat）汽车。其实这座位于阿尔卑斯山山脚下的城市，是通往其他欧洲国家的隘口，具有重要的战略地位，在奥古斯都时期被划入第九行政区，中古时期遭到伦巴第人的占领，而开启了其领主式的封建制度。11世纪，来自法国的萨沃依家族（Savoia）出现在皮埃蒙特的政治舞台上，经过几度权力消长与战争，甚至连后来意大利完成统一，都与这个家族息息相关。

　　第二次世界大战期间都灵受到严重的轰炸，不过，战后的迅速重建让它成为意大利工业"铁三角"之一。城市特色除了郊外极为现代化的大型展场外，还有萨沃依家族一系列美轮美奂的大皇宫，老市区的街道呈棋盘状分布，气派的大广场穿插其间，充满浓浓的法式风情。

TRAVEL INFO

● 都灵虽是皮埃蒙特的最大城市，但重要景点却很集中，除了位于波河畔的瓦伦蒂诺公园稍远之外，其他景点都可以徒步方式抵达。

● 从米兰的中央车站（Milano Centrale）搭火车，约需1小时40分钟。都灵有两个车站，要到老市区必须在新门火车站（Torino Porta Nuova）下车。

● 旅游服务中心
地址：
1.Stazione ferroviaria di Porta Nuova
2.Autrium Torino–Piazza Solferino
电话：011 535181
网址：www.turismotorino.org

都灵市中心图

游 城堡广场Piazza Castello
宛如置身法国街景

MAP P70.B1

这是都灵的心脏地带，该市市民经常聚集在此聊天或晒太阳。广场的四周被重要的建筑包围，例如直到1865年都是萨沃依家族的官方住所的皇宫（Palazzo Reale），后面的花园是仿凡尔赛宫的形式。广场上潺潺喷泉背后拥有巴洛克式正立面的女士皇宫（Palazzo Madama），由中古世纪城堡改成，在17世纪时成为皇家女士玛利亚·克里斯蒂娜（Maria Cristina）的住处。位于角落的皇家图书馆（La Biblioteca Reale）内藏有达·芬奇于1516年所绘的血红色自画像。

DATA 皇宫 🏛 Piazzetta Reale ☎ 011 4361455 🕐 周二至周日8:30~19:30开放
女士皇宫 🏛 Piazza Castello ☎ 011 4429912 🕐 周二至周日10:00~20:00，周六开放至23:00。

赏 主教堂Duomo
存放圣裹尸布的殿堂

MAP P70.B1

红衣主教罗维雷家的多明尼哥（Domenico della Rovere）在15世纪委派卡普里诺（Meo del Caprino）所建的主教堂，是都灵唯一一座文艺复兴风格的宗教建筑。从1587年开始，著名的耶稣裹尸布就存放在这座教堂里。直到1694年圣裹尸布小礼拜堂（Cappella della Sacra Sindone）才完成，不过自2002年起教堂便开始对耶稣裹尸布展开精细的修复工作，目前这里摆着一张裹尸布的照片供人凭吊。

DATA 🏛 Piazza San Giovanni ☎ 011 4361540 🕐 周一至周五7:00~12:00、15:00~19:00，周日与假日8:00~12:00。

游 圣卡罗广场Piazza San Carlo
贵气十足的生活空间
MAP P70.B1

　　每次都灵的足球队赢得胜利，疯狂的粉丝就会在这里大肆庆祝。这是都灵市民最优雅的"大客厅"，除了圣女克里斯蒂娜与圣卡罗双子星教堂（San Cristina e Carlo）之外，在周围的圆拱回廊下，高级咖啡馆与精致的甜点店营造出此城的贵气。此外，空气中仍飘荡着文艺的气息，莎包达美术馆（Galleria Sabauda）内典藏了12~18世纪的丰富画作，埃及博物馆（Museo Egizio）的藏品年代更是横跨5000年，8000件文物的收藏仅次于开罗考古博物馆，地位非凡。

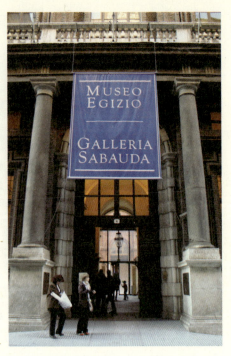

DATA
埃及博物馆 地 Via Accademia delle Scienza 6 电 011 5617776 时 周二至周日8:30~19:30开放
莎包达美术馆 地 Via Accademia delle Scienza 6 电 011 547440 时 周二、周五至周日8:30~14:00，周三、周四14:00~19:30开放。

游 安托内利尖塔和国立电影博物馆Mole Antonelliana e Museo del Cinema
风格前卫的展览场
MAP P70.C1

　　这座建筑原本是犹太人的神殿，委托亚历山大德罗·安东尼利（Alessandro Antonelli）设计，于1863年开始动工，后来的扩建工程使成本飙高，最后由市政厅接手，终于在1889年完成，高达167.5米的石砌高塔外罩钢铁结构，成为今天都灵的代表地标之一。内部目前是国立电影博物馆，垂直式的展出方式以及平躺椅的放映厅，极为特别。在乘坐中央开放式的升降梯到达塔顶的同时，还能欣赏电影博物馆的全貌。

DATA 地 Via Montebello 20 电 011 8125658 网 www.museonazionaledelcinema.it 时 周日至周五、假日9:00~20:00，周六9:00~23:00。

瓦伦蒂诺公园Il Parco del Valentino

休憩散步的美丽绿地

MAP P70.B3

　　北意的大河波（Po）流经都灵市区的东侧，上面有多座桥梁跨越两岸，其中介于翁贝托一世大桥（Ponte Umberto I）与伊莎贝拉公主桥（Ponte Principessa Isabella）之间，有一片广达55万平方米的绿地，是市民散步的好去处。隐藏在绿荫之间的瓦伦蒂诺城堡（Castello del Valentino），是来自法国的皇家女士玛利亚·克里斯蒂娜于17世纪所建的别墅，带着极浓的法兰西风情；中世纪城寨（Rocca e Borgo medievale）刻意仿造旧时皮埃蒙特省的民宅与店家，让公园更具意境。

DATA 地 Il Parco del Valentino

古罗马区Quadrilatero Romano

杂货店与窄巷交织出的质朴古意

MAP P70.A1-B1

　　位于城市宫殿广场（Piazza Palazzo di Citta`）中央的绿色的侯爵阿马德奥六世（Amadeo VI）杀敌的雕像，洋溢着罗曼蒂克的骑士精神。由此往西的区域，是沿着古罗马的东西向大道发展而来的，铺着小石板的羊肠曲径、杂货店、露天大市场、小酒馆、新艺术风咖啡馆，共同交织出都灵最迷人的古朴风情。而立在路旁的贵族宫殿，内部却隐藏着不为人知的华丽装饰。这里是最适合流连的地方，因为角落里总是藏着教人意想不到的惊喜！

DATA 地 Quadrilatero Romano

✝ 水道纵横的大迷宫

威尼斯
Venezia | Vience

城市侧写

公元前3世纪罗马人征服威尼托地区（Veneto，今天威尼斯所在的大区），开始在此殖民，当时的威尼斯只是贵族们打猎娱乐的潟湖区。罗马帝国末期，北方蛮族入侵，人们逃到这里避难，在这片不适合人居的软泥地上打入木桩，铺上石板，盖教堂、民宅，于公元421年4月25日"圣马可日"这一天，威尼斯莫基了！它开始向大海发展，打开与东方的贸易之路，成为富强的"亚得里亚海女王"。

　　曾有人说威尼斯是世界上独一无二的城市，没有车、只有船，歪歪斜斜的高塔、曲曲折折的小径，有些甚至只有一米宽，整座城市仿若迷宫，外来的游客到此，"迷路"变成一种天经地义的义务！如今这座由沙洲组成的水都被分成了六个区域，因此当地人称其为Sestiere（意大利文六的序数为sesto），蜿蜒其中的主要交通要道大运河，是欣赏威尼斯美丽景致的快捷方式。

TRAVEL INFO

● 威尼斯的主要大众运输是船，主要是沿着大运河与外围来回行驶，两侧有船站，还有到外岛的航线。单趟票价非常昂贵，比较划算的是12、24、36、48、72小时的有效票，期限内可无限次搭乘，建议依据个人所需购买，票价可上网查询：www.actv.it。

● 旅游服务中心
网址：www.turismovenezia.it
1.地址：San Marco，
　电话：041 5226356
2.地址：Stazione S. Lucia，
　电话：041 719078

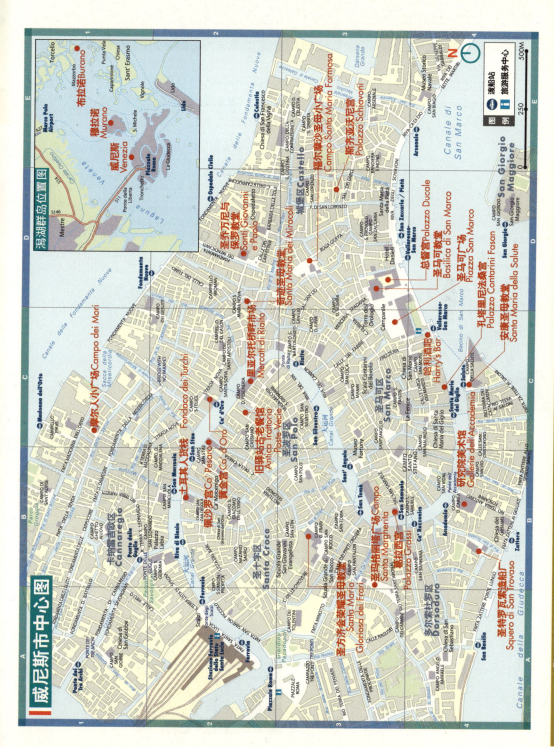

◎ 大运河Canal Grande

建筑上的惊异奇航

　　威尼斯的建筑举世闻名，加上地理环境特殊，以水道运输为主要交通方式，因此有很多重要的宫殿都面向交通要道大运河而建，来一趟大运河巡礼，就像在阅读水都的建筑史。

黄金宫Ca'd'Oro

这幢大运河畔最迷人的宫殿，是由意大利贵族孔塔里尼于1420年所建，正面原本涂上黄金以炫耀财富，其中四叶状的镂空回廊，是15世纪的威尼斯哥特风格。现为美术馆，最重要的展品为曼帖那的《圣塞巴斯蒂安》。

文德拉明宫
Palazzo Vendramin Calergi

这是水都的冬季赌场，大门铺着红毯，旁边停泊着高级的贡多拉。正面的双叶窗上方又镶着圆形小窗，形成一扇完整的窗户，洋溢着15世纪威尼斯文艺复兴前期的风格。

里亚尔托桥Ponte di Rialto

土耳其人货栈
Fondaco dei Turchi

此仓库建于13世纪，17世纪时被土耳其商人改为货栈。超过半圆状并以小石柱来支撑隔开的窗户造型，是典型的威尼斯拜占庭风格，目前此处是自然历史博物馆的所在地。

佩萨洛宫Ca'Pesaro

这幢宫殿是圣马可的大法官莱昂纳多·佩萨洛的住宅，二、三楼的石柱没有和墙壁连在一起，而是分离出来，形成立体的三度空间，属于17世纪威尼斯巴洛克风格。

赤脚修士教堂Scalzi

这座由卡美利托派教士所盖的教堂，就位于火车站旁，因为这些教士都打赤脚，故以此为这座教堂命名。正面由成对的长柱隔出神龛，是17世纪的威尼斯巴洛克风格。

美酒河滨Riva del Vin

过去利用水路运来的葡萄酒，都在这里卸货，河畔全是专供船只固定用的大木桩，这里是里亚尔托桥附近最活泼的一区，聚集有不少气氛宜人的露天餐厅。

安康圣母教堂
Santa Maria della Salute

为了庆祝1630年瘟疫结束、感谢神恩而建，前后达52年，由这个时期的建筑大师罗根纳（Longhena）设计，属于17世纪的威尼斯巴洛克风格，在祭衣与圣器收藏室可欣赏到提香与丁托列托的作品。

孔塔里尼法桑宫
Palazzo Contarini Fasan

这幢门面小巧的宫殿很精致，据说是莎士比亚悲剧《奥赛罗》中黛斯德莫娜的家。蛋形的尖尖窗户，是15世纪威尼斯哥特风格。

葛拉西宫Palazzo Grassi

Grassi这个字有厚重、肥胖之意，这座巨大的白色宫殿的线条与装饰都较为内敛，是18世纪威尼斯新古典风格。

Ponte dell'Accademia

弗斯卡利宫Ca'Foscari

它的窗户与黄金宫非常神似，为蛋形且顶端呈尖状，配上十字型的镂空雕花，是15世纪威尼斯哥特风格。目前是威尼斯大学的秘书处，校区由此往西南延伸，并与朱斯蒂宫（Palazzo Giustinian）如孪生兄弟般连在一起。

雷佐尼可宫Ca'Rezzonico

原本属于热那亚的雷佐尼可家族所有，后为美国诗人布朗宁所购，现在是18世纪古物博物馆，外型与佩萨洛宫十分相似，亦是属于17世纪的威尼斯巴洛克风格。

○ 卡纳雷吉欧区Cannaregio

常被遗忘的宁静角落

位于威尼斯北侧的这一区，游客非常少，店也不多，斑驳的墙、蜿蜒的窄巷、杂草丛生的桥，构筑成了一区的宁静，气氛悠闲宜人。

赏 奇迹圣母教堂Santa Maria dei Miracoli

装饰别致的神迹殿堂

MAP P75.D2

这幢文艺复兴早期的建筑杰作，是当地人举行婚礼的热门地点。建筑由皮特罗·隆巴多（Pietro Lombardo）于1481年设计，并与他的儿子们一起建造，用来摆放尼科罗迪·皮特罗（Nicolo` di Pietro）的作品《圣母与圣婴》，据说这幅画曾显现神迹，让一名溺毙的男子死而复生。

此外，教堂的外观也相当特别，没有常见的十字耳廊形状，而是长方形的半圆顶结构，因而被比拟成珠宝盒。由于教堂正面使用彩色的大理石板装饰，因此最好在下午前来参观教堂内部，这时阳光会透过窗户射进绚丽的光芒。

DATA 时 周一至周六10:00~17:00，周日13:00~15:00。 交 在Rialto船站下船

游 摩尔人小广场Campo dei Mori

小巧可爱的漏斗形广场

MAP P75.C1

介于两座桥之间的三角形小广场，在角落的墙上凿了三尊摩尔人的雕像，吸引往来人群的注意。根据当地人的传说，这三位摩尔人其实是来自希腊伯罗奔尼撒半岛的马斯特利（Mastelli）家族的三兄弟，他们是中世纪的贸易商人，从事丝绸买卖，1112年逃到威尼斯，并在此盖了马斯特利宫。

DATA 交 在Madonna dell'Orto船站下船

圣十字与圣波罗区Santa Croce e San Polo

充满百姓活力的区域

越过火车站前的石桥后，越往前方的小径走去，越能感受到水都日常生活的脉动，拿着扫把的妇女倚着门口聊天、老人在摆五金杂货、学生匆忙赶往学校，气氛纯真平实。

赏 圣方济会荣耀圣母教堂Santa Maria Gloriosa dei Frari

收藏重要艺术瑰宝

MAP P75.B3

这座教堂原本是1250～1338年由圣方济教士所建，15世纪时被现在这座巨大又复杂的建筑取代，呈现简朴的哥特风格。内部保存许多价值非凡的艺术作品，主祭坛上是提香（Tiziano）于1518年所画的《圣母升天图》（L'Assunta），这位享誉国际的威尼斯画家亦葬于此。类似凯旋门造型的提香纪念碑，是新古典雕刻大师卡诺瓦（Canova）的门生所做，而卡诺瓦原本为提香设计的白色大理石金字塔状墓茔，在1822年这位大师去世之后，被他的学生用在了卡诺瓦自己的墓碑上。此外，统治了威尼斯达34年之久的总督弗斯卡利（Foscari）也葬在这里。

DATA 时周一至周六9:00~18:00，周日与假日13:00~18:00。交在San Toma´船站下船

游 里亚尔托桥畔市场Mercati di Rialto

一探市井民生百态

MAP P75.C2

直到1854年为止，里亚尔托桥是唯一横跨大运河的桥梁。从12世纪开始，威尼斯人就屡次在河上盖石桥，但却总是崩塌，目前这座桥是由安东尼·达蓬特（Antonio Da Ponte）于1588～1591年所建。桥畔聚集各种热闹的商业活动，当地人来此购买新鲜蔬果，紧邻大运河畔的渔货市场更是吆喝声不断，吸引了不少游客，甚至连海鸥都飞来觅食！想拜访桥畔的市场最好趁早，因为中午就收市休息了。

DATA 交在Rialto船站下船

食 旧驿站古老餐馆Antica Trattoria Poste Vecie

颇具历史的风格餐厅

MAP P75.C2

这幢位于鱼市场旁边的"旧驿站"是16世纪的建筑，据称是威尼斯最古老的小餐馆之一，内部以红与金的颜色展现出威尼斯共和国时期的经典风格，此外还有一座花木扶疏的中庭，紧邻着小水道，夏日在此用餐最能感受威尼斯的魅力，冬天大厅的壁炉会生火，满室的温馨更突显出浓浓的古都风情。

DATA 地Rialto Pescheria, San Polo 1612 电041 721822 网www.locandapostevecie.com
交在Rialto船站下船

○ 多尔索杜罗区 Dorsoduro

水都地基最稳固的一区

位于威尼斯南侧的这一区，水道比较稀疏，空地逐渐增多，威尼斯大学的很多系所都分布于此，让本区充满学术气息。

游 圣玛格丽塔广场 Campo Santa Margherita

洋溢青春气息的场所　　　MAP P75.B3

这片被14、15世纪民宅包围的广场充满朝气，不仅咖啡馆林立，还有蔬果、渔货摊贩穿插其中。因为距离大学很近，毕业时节经常可见成群的年轻人陪伴戴着桂冠的毕业生来此庆祝。广场上有一间孤立的瓦洛塔里学校（La Scuola dei Varotari），南边则是卡密内大学校（Scuola Grande dei Carmini）。在威尼斯，所谓的"学校"（Scuola）是建立于13世纪的慈善机构，是俗世兄弟会为需要的人、少数民族提供教育的慈善组织，但是他们却经常花大钱用来装饰，后来成为威尼斯许多画家挥洒才华的天地。

DATA 🚇 在Ca' Rezzonico船站下船

赏 研究院美术馆 Gallerie dell'Accademia

收藏最多威尼斯画派作品　　　MAP P75.B4

威尼斯画派以其明亮的画风著称，最丰富的典藏便在这座位于大运河畔的研究院美术馆里。由原本的慈悲圣母教堂（Santa Maria della Carita`）改成的艺廊，最核心的收藏是由画家詹巴迪斯塔·比亚采塔（Giambattista Piazzetta）于1750年奠定的，1807年拿破仑将美术馆变成今天的模样，并用来自教堂与修道院的作品扩充馆藏。

DATA 🕐 周二至周日9:00~19:00，周一9:00~14:00。 🌐 www.galleriaccademia.org 🚇 在Accademia船站下船

游 圣特罗瓦索造船厂 Squero di San Trovaso

遥望水都风情画　　　MAP P75.B4

这个威尼斯仅存的制造贡多拉的工厂并不对外开放，只能从对岸眺望。目前年产量很少，偶尔能看见工人为新造的贡多拉打磨上柏油。翻过来的平底船配上背后的小木屋，非常诗情画意。位于造船厂旁的圣特罗瓦索教堂的外观很奇特，有两个正立面，一个面向小运河，另一个则开在宁静的小广场上，据说是为两个不同立场的团体而各开了一扇门。

DATA 🚇 在Zattere或Accademia船站下船

城堡区Castello

见证辉煌的历史过往

在威尼斯称霸亚得里亚海的时期，城堡区的工业中心"造船厂"（Arsenale）一天可以打造出一艘双轨帆桨战船！本区同时也是威尼斯重要的宗教与商业中心，欣赏窄巷内优雅的宅第与教堂仍可窥见昔日的荣光。

 福尔摩沙圣母小广场Campo Santa Maria Formosa

偷闲取静的角落

MAP P75.D3

这片不规则形状的宽阔空地，四周尽是富丽的豪宅，极具有威尼斯的特色，而且游客较少，闲逛其间感觉很舒服。南侧的同名教堂建于1492年，花了一个世纪的时间；拥有两个正立面的奇异外观，一个面向广场，另一个则紧邻小运河；内部供奉保护士兵的圣女芭芭拉（Santa Barbara）。旁边的钟塔是于1688年加建的，底下有一张石头雕刻的诡异面具，极为特别。

DATA 在Rialto船站下船

圣乔万尼与保罗教堂Santi Giovanni e Paolo

恢弘的哥特式建筑

MAP P75.D2

这座教堂由多明尼哥派修士于13~14世纪兴建，与圣方济会荣耀圣母教堂并称为水都最大的哥特式宗教建筑。此教堂堪称是威尼斯的"万神殿"，共有25位总督埋葬于此，很多坟茔都是伦巴第派的经典之作。除了总督之墓外，玫瑰礼拜堂（Cappella del Rosaeio）内的《牧羊人朝拜圣婴》及圣多明尼哥礼拜堂（Cappella di San Domenico）天花板上的壁画，都是值得一览的宗教艺术精品。

DATA 周一至周六8:00~12:30、15:00~18:30，周日15:00~18:00。 在Fondamenta Nuova或Ospedale Civile船站下船

 斯齐亚沃尼宫Palazzo Schiavoni

极富水都情调的饭店

MAP P75.D3

这间古老的建筑就在以卡帕其奥（Carpaccio）的画作著称的斯齐亚沃尼的圣乔治学校（Scuola di San Giorgio degli Schiavoni）旁，内部装饰着威尼斯18世纪风格的家具与织品，天花板上还有壁画。虽然离圣马可广场只要5分钟的路程，但由于坐落在一条安静的小水道旁，反而有大隐隐于市的氛围，具有浓郁的水都民情风味；最经典的阁楼房间，还曾荣登意大利建筑杂志的专刊介绍。

DATA Castello 3288 041 2411275 www.palazzoschiavoni.com 在San Zaccaria船站下船

圣马可区San Marco

欧洲最美丽的大客厅

自古以来，本区就是威尼斯的政教重心。圣马克广场上四季都挤满了游客，到了夜晚更是处处笙歌；每到嘉年华会期间，就化身为化装表演的露天大剧场。

圣马可广场Piazza San Marco

威尼斯必访的广场

MAP P75.C3

这片与威尼斯历史息息相关的广场，是水都最美丽的门面之一。南北两侧被新、旧行政长官官邸（Procuratie）包围，连续的拱廊底下全是商店，其中有两家非常著名的咖啡馆，奥地利占领期间军人喜欢光顾的夸德里咖啡馆（Caffe` Quadri）与文人名流最爱流连的弗洛里安咖啡馆（Caffe` Florian）。蓝色景泰蓝与金漆装饰的时钟塔（Torre dell'Orologio）完成于15世纪末期，每年的主显节（1月6日）和圣母升天日（8月15日），摩尔人像会从侧门出来，对中央的圣母与圣婴致敬。西侧的拿破仑边房（Ala Napoleonica）是科雷尔博物馆（Museo Correr）为富有的修道院院长科雷尔（Teodoro Correr）将个人收藏捐给市政府而成立，最著名的展品为贝里尼的《圣殇图》。

广场靠近船坞的地方立有两根长柱，顶端雕像是代表圣马可的雄狮与守护水都的圣徒特奥多罗（San Teodoro）。直到18世纪为止，被处决的犯人会被吊挂在两柱之间，因此今天威尼斯人仍迷信，最好避免从中穿越。

DATA 🕐4月至10月9:00~19:00，11月至次年3月9:00~17:00 🚤在San Marco船站下船

圣马可教堂Basilica di San Marco

巍峨的希腊正十字形建筑

MAP P75.D3

DATA 🕐教堂周一至周六10:00~16:00，周日13:00~16:00开放；钟塔冬天9:30~15:45，夏天9:00~21:00开放。🚤在San Marco船站下船

这座教堂最初建于9世纪，却毁于祝融之灾；11世纪由不知名的建筑师重新设计，往后数百年间不断扩建，到了1807年成为威尼斯的主教堂。由于水都与拜占庭帝国往来密切，所以这座建筑带有浓浓的东方色彩，五颗洋葱圆顶与金光闪闪的马赛克就是最大特征。正面的12世纪镶嵌画描绘的是基督徒从埃及的亚历山德拉城偷回圣马可遗体的故事，顶上的四匹铜马是第四次十字军东征时，从君士坦丁堡掠夺回来的，不过原作目前收藏在教堂里面；独立出来的钟塔（campanile）高达98.5米，1902年曾无预警地倒塌，目前所见是1912年依据原型重建完成的。

摄影 / Michele Paciulli

赏 总督宫Palazzo Ducale

哥特式建筑巨作

MAP P75.D3

建于9世纪的总督宫，原本是作为防御性的城堡，但被一连串的火灾所毁，目前留下来的建筑是14~15世纪期间重新规划的，外观最下层是以圆柱支撑的拱廊，中间使用伊斯特利亚石构成如花边般的拱廊，最上层为粉红色维罗纳大理石，是威尼斯哥特风格的极致之作。

内部的委员会大厅（Sala del Maggior Consiglio）覆着由多明尼克和雅各布·丁托列托父子（Domenico e Jacopo Tintoretto）所画的《天堂》。一楼还有囚禁轻罪罪犯的监狱，比较危险的犯人则关在小水道另一边的"灰井"，两者之间以水都最有名的叹息桥（Ponte dei Sospiri）相连。 **DATA** 🚏在Sa Marco船站下船

享 哈利酒吧Harry's Bar

因海明威而声名大噪

MAP P75.C4

1931年由朱塞佩·奇普拉尼（Giuseppe Cipriani）所开的这家酒吧，是由一位名叫哈利的波士顿人出资，因而以他的名字为酒吧命名；他们选了这个接近圣马可广场的位置，很快便门庭若市。这里最有名的顾客便是大文豪海明威，他在潟湖打完猎后经常会来此喝一杯。如今这家非常受到美国游客欢迎的酒吧，最出名的饮料便是由奇普拉尼研发，尝起来酸酸甜甜的Bellini开胃酒。

DATA 🏠Calle Vallaresso 1323 ☎5285777 🌐www.cipriani.com 🚏在San Marco船站下船

不可不知

探访威尼斯周边小岛

这里过去是渔夫与猎人活动的区域，公元5~6世纪由于外族来犯，当地居民便躲避到这些潟湖沼泽求生，并在此筑堤防波。昔日在此经商的人们早已远去，目前游客最常探访的，便是以蕾丝编织闻名的布拉诺，以及以玻璃艺品著称的穆拉诺。

布拉诺Burano

这座位于潟湖北边的小岛，居民多为渔夫和蕾丝编织艺匠。这座岛上最大的特色，便是外观涂有各种鲜明色彩的房舍，有一种说法是当地渔民以此来辨识自己的家，无论原因为何，在这些彩色的民宅之间漫步，的确是非常赏心悦目。16世纪时，欧洲对此地出产的蕾丝需求量极大，这项手工业曾盛极一时，现在则因人工费用高昂和他国的低价蕾丝的竞争，几乎很难再看到孜孜不倦的蕾丝编织妇女了。

DATA 🚏在San Zaccaria船站搭14号船，或在Fondamenta Nuova船站搭12号船。

穆拉诺Murano

穆拉诺也是由一群沙洲所组成的，1291年威尼斯的玻璃艺匠因为容易引起火灾与污染水道的缘故，被迫搬迁到这里来，当时岛上居民超过三万人，还拥有自己的政府与货币呢！穆拉诺在15~16世纪期间成为欧洲主要的玻璃制造中心，玻璃工匠拥有极大的权力，不过，离开小岛前往他处发展的人，会被处以严厉的刑罚，甚至还包括死刑！今天这里最主要的产品仍是玻璃，不同于琉璃的铸模制法，这里是用长条铁管把烧热的玻璃砂吹出各式各样的造型。岛上有不少工厂提供免费的搭船参观，或者也可以前往玻璃博物馆，欣赏鬼斧神工的美丽作品。

DATA 🚏在San Zaccaria船站搭41号船，或在Fondamenta Nuova船站搭12、13号船。

近郊顺游

>> 顺游1 **充满知性的学术气息**

帕多瓦Padova

MAP P5.B2

　　在威尼托大区内有许多城市曾被罗马人殖民，因而开始蓬勃发展；1000年后，在威尼斯共和国的统治之下，景观更活泼美丽，脱离了中世纪封建制度的严谨。帕多瓦这座城市给人的感觉就是如此，或许也和此地的帕多瓦大学（Università di Padova）有关。成立于1222年的帕多瓦大学是意大利第二古老的学府，天文学家伽利略于1592~1610年之间曾在此执教；在欧洲其他国家尚不接受女性入学时，1678年第一位女大学生艾莲娜·鲁克蕾齐亚（Elena Lucrezia）就毕业于此。

　　在进入精华的老市区之前，千万不可错过隐士教堂建筑群（Chiesa degli Eremitani），因为1303~1305年之间，西方绘画之父乔托（Giotto）在其中的斯克罗维尼小礼拜堂（Cappelle degli Scrovegni）创作了一系列描述耶稣的生平壁画。

　　此城法院与委员会所在地的理性宫（Palazzo della Ragione）建于1218年，周遭有三座广场：蔬菜广场（Piazza delle Erbe）、水果广场（Piazza della Frutta）分踞南北，顾名思义就知道广场上卖的是什么，西侧的领主广场（Piazza dei Signori）则聚集了多家咖啡馆与小餐厅，到这里逛一圈，就可以感受帕多瓦充满朝气的日常生活。

　　此外，别漏了主教堂和圣安东尼奥教堂两座重点教堂。主教堂（Duomo）原本是委托米开朗琪罗设计，后来全被改了样；旁边的洗礼堂（Battistero）还保留着4世纪的罗马形式，圆顶的连环壁画是欧洲保存最完整的中世纪作品；圣安东尼奥教堂（Basilica di Sant'Antonio）是为了存放此城的圣人遗体于1232年所建，外观有尖塔、大圆顶，可以看出受到拜占庭建筑的影响。至于市区南端的河谷绿地（Prato della Valle），椭圆的造型说明它是由古罗马的竞技场改建而成的小公园。

DATA 🚉 从威尼斯搭火车，约半小时。帕多瓦的规模中等，从火车站出来沿着人民大道（Corso del Popolo）直走，约10分钟就可到达老市区。

旅游服务中心

🌐 www.padovanet.it

1. 🚉 Stazione Ferroviaria ☎ 049 8752077

2. 🏛 Piazza del Santo ☎ 049 8753087

>> 顺游2　悲剧爱情的舞台

维罗纳Verona　MAP P5.B2

古罗马、中世纪、文艺复兴三段时期完整地出现在这座城市的老市区里，视觉的飨宴是多元化的，漫步在曲折的街道中，时尚的店家隔壁嵌着古老的建筑，岁月的痕迹仿佛在跳动，却又是绵延而不中断的。维罗纳在罗马帝国时期就是繁荣的都市，1263年开始了斯卡里杰利家族（Scaligeri）的统治，100多年的和平岁月让其成为欧洲的文化重镇；1387年落入米兰的维斯康蒂家族之手，后来又被威尼斯共和国占领，过去更迭的政权，却造就了今天动人的市容。

才一踏入维罗纳，马上会被时空交错的建筑深深震撼。竞技场（Arena）的雄伟身影在昭告世人它的辉煌过往，这座庞大的建筑完成于公元30年，是世界上第三大的圆形剧场，每年夏天的维罗纳音乐季就在此举行。另一处古罗马的遗迹是热闹的蔬菜广场（Piazza delle Erbe），在摊贩的遮阳伞之间，立着代表威尼斯的圣马可雄狮长柱；旁边高达84米的拉莫拜尔蒂塔（Torre dei Lamberti）底下，是中世纪的理性宫（Palazzo della Ragione），紧邻的领主广场（Piazza dei Signori）中央竖立着但丁的雕像，他在遭到佛罗伦萨政府的流放之后，于1301~1304年间，受到斯卡里杰利家族的礼遇接待；斯卡里杰利家族最特殊的宝龛式墓茔，像一根根的尖塔，立在广场斜对面的旧圣母教堂（Santa Maria Antica）的入口处。

旧城堡（Castelvecchio）也是斯卡里杰利家族的象征，建于1354~1375年。虽然中古世纪的建筑线条都比较刚硬，然而横跨在阿迪杰河（Adige）上的斯卡里杰利桥（Ponte Scaligero）却将它软化不少，目前堡内被改成了优雅的美术馆。

DATA 🚇 从威尼斯火车站搭火车到维罗纳的新门站（Verona Porta Nuova），约需1小时20分钟。从火车站到市区有一小段路要走，不过老市区倒是漫步的好地方。
旅游服务中心
🌐 www.turismo.verona.it
1. 🏠 Piazza XXV Aprile c/o Stazione FS "Porta Nuova"　📞 045 8000861
2. 🏠 Piazza Bra　📞 045 8068680

不可不知

经典爱情悲剧《罗密欧与朱丽叶》

《罗密欧与朱丽叶》（Giulietta e Romeo）是由意大利作家路易·达·波多（Luigi da Porto）于1520年左右创作的诗歌，启发了许多后世文人，包括英国的莎士比亚。虽然故事的真实性众说纷纭，不过背景就是在维罗纳，位于卡佩罗路27号（Via Cappello, 27）的朱丽叶之家（Casa di Guilietta），是各国游客来维罗纳必访的景点。

中庭有一尊铜制的朱丽叶雕像，传说只要摸朱丽叶右胸一圈，爱情就能圆满。而朱丽叶等待罗密欧的阳台，更是游客最爱留影的角落。以往房屋内外墙壁被游客贴满爱情证言，2008年1月意大利官员宣布，要耗资约150万元人民币清除墙上的涂鸦与纸条，让这幢古屋以原始面貌迎接游客。

✝ **文艺复兴的重镇**

佛罗伦萨
Florence | Firenze

城市侧写

因织品交易而累积的财富，让佛罗伦萨市民充满自信，人文主义的精神也跟着诞生，解放了长期受到教会钳制的思想，"人"变成了尘世上的神。中世纪经商致富的家族在这座城市里争权夺利，动荡不安之下，闪亮的主角登台了，那就是梅第奇（Medici）家族，他们奖励艺术，要把佛罗伦萨建设成地上的天堂。于是来自各地的诗人、画家、建筑师、雕刻家全都聚集到了这个礼遇贤才的优雅朝廷，装点宫殿、美化市容、兴建大而美的教堂、创作杰出的雕刻作品，进而带动欧洲其他城市国家的领主群起效尤，于是15世纪改变人类文明的活动于此地诞生，"文艺复兴"让佛罗伦萨成为名副其实的百花城。

⊤RAVEL INFO

● 这座托斯卡纳（Toscana）的最大城，老市区并不大，景点又很集中，真是人文主义的理想地，非常适于悠闲的散步旅行。

● 旅游服务中心
网址：www.firenzeturismo.it
1.地址：Piazza Stazione 4A
  电话：055 212245
2.地址：Via Cavour 1R
  电话：055 290832
3.地址：Borgo Santa Croce 29R
  电话：055 2340444

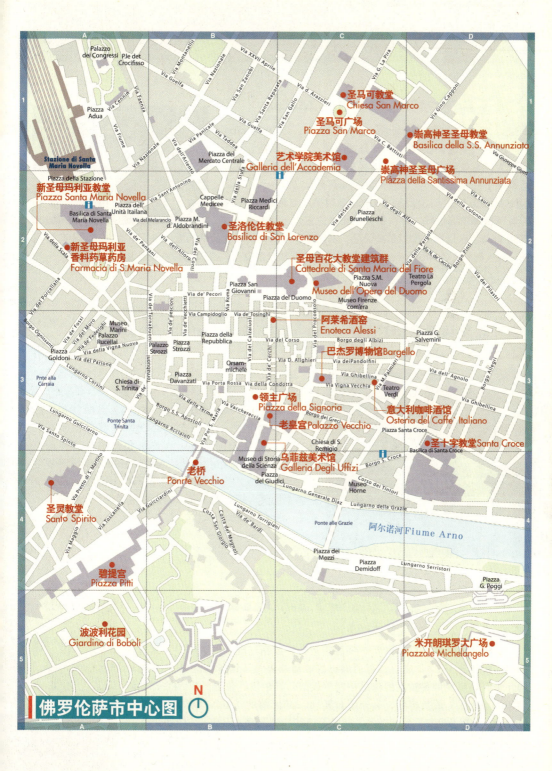

圣马可教堂
Chiesa San Marco

圣马可广场
Piazza San Marco

崇高神圣母教堂
Basilica della S.S. Annunziata

艺术学院美术馆
Galleria dell'Accademia

崇高神圣母广场
Piazza della Santissima Annunziata

新圣母玛利亚教堂
Piazza Santa Maria Novella

Basilica di Santa
Maria Novella

新圣母玛利亚
香料药草药房
Farmacia di S.Maria Novella

圣洛伦佐教堂
Basilica di San Lorenzo

圣母百花大教堂建筑群
Cattedrale di Santa Maria del Fiore

Museo dell'Opera del Duomo

阿莱希酒窖
Enoteca Alessi

巴杰罗博物馆Bargello

领主广场
Piazza della Signoria

意大利咖啡酒馆
Osteria del Caffè Italiano

老皇宫Palazzo Vecchio

圣十字教堂Santa Croce

老桥
Ponrte Vecchio

乌菲兹美术馆
Galleria Degli Uffizi

圣灵教堂
Santo Spirito

阿尔诺河Fiume Arno

碧提宫
Piazza Pitti

波波利花园
Giardino di Boboli

米开朗琪罗大广场
Piazzale Michelangelo

佛罗伦萨市中心图　N

○ 阿尔诺河右岸

耀眼亮丽的百花之城

游 圣马可广场Piazza San Marco

洋溢蓬勃朝气的场所　　　　　　　　MAP P87.C1

　　这是佛罗伦萨最具学术气息的地方，艺术学院、音乐院、大学都在附近，经常可看见背着画具、骑着脚踏车的莘莘学子在此穿梭。广场北侧的圣马可教堂（Sonvento di San Marco）建于13世纪，1437年多明尼哥教派受梅第奇家的老柯西摩邀请进驻，并由最受梅第奇家宠爱的建筑师米开罗佐（Michelozzo）加以扩建修院，其内除了一系列简朴无装饰的教士单人小室之外，还有贝阿托·安吉利科（Beato Angelico）展现宗教信仰热忱的壁画，在简约的内观里显得更加突出。

DATA 地 Piazza San Marco 时 教堂7:00~12:30、16:00~20:00开放；教堂博物馆9:00~14:00开放。

游 崇高神圣圣母广场Piazza della Santissima Annunziata

当地人喜爱的休憩场所　　　　　　　　MAP P87.C1

　　这里很少受到游客的青睐，不过广场两侧的连续拱廊却极具意境，佛罗伦萨人经常来此晒太阳、看报纸。

　　由布鲁涅列斯基（Brunelleschi）于1419年为孤儿院所设计的古典风格圆拱正立面，曾被很多文艺复兴时期的建筑师抄袭，而位于北侧的崇高神圣圣母教堂（Chiesa della S.S. Annunziata）由米开罗佐（Michelozzo）于1444~1481年重建，内部圣母壁画受到佛罗伦萨人极大的崇仰，新人结婚后经常来此献上一束花，祈求婚姻长长久久。

DATA 地 Piazza della Santissima Annunziata 时 崇高神圣圣母教堂7:30~12:30、16:00~18:30开放。

赏 艺术学院美术馆Galleria dell'Accademia

米开朗琪罗作品的收藏重地　　　　　　MAP P87.C1

　　成立于1563年，是欧洲第一间教授设计、绘画与雕刻的学院，隶属其下的美术馆则在1784年成立，里面展出的收藏原是为了让学生临摹，1873年起，米开朗琪罗许多重要的作品被搜罗入馆，其中以这位雕刻家29岁那年所创作的《大卫》最负盛名，另外还有其1508年所雕的《圣玛特奥像》（San Matteo），以及非常有戏剧效果、完成于1530年的四尊《囚徒》（Prigioni）。

DATA 地 Via Ricasoli 60 电 055 2388609 网 www.accademia.firenze.it 时 周二至周六8:30~19:00，周日9:00~14:00。

赏 新圣母玛利亚教堂Santa Maria Novella

丰富的宗教壁画宛如艺廊

MAP P87.A2

这座由多明尼哥教士于1279～1357年之间所建的哥特式教堂，就矗立在火车站前。内部有一些当时富有家族所盖的小祭堂，其中丰富的壁画让教堂内部宛如画廊。

托纳波尼小祭堂（Capella Tornabuoni）有基尔兰达约（Ghirlandaio）于1485年所创作的描绘施洗约翰生平的壁画，隔壁的菲利浦·斯特罗兹小礼拜堂（Cappella di Filippo Strozzi）则有菲利波·利比（Filippo Lippi）的圣菲利浦屠龙壁画，薄伽丘的小说《十日谈》发生的背景就是在这里。至于左侧的教士回廊，则有柯西摩二世的妻子——托莱多的埃莱奥若拉（Eleonora di Toledo）的西班牙朝臣所使用的西班牙人大礼拜堂（Cappellone degli Spagnoli）。

DATA 🏠 Piazza Santa Maria Novella 🕐 教堂周一至周六7:00～11:30，15:30～18:00，周日与假日8:00～12:00，15:30～18:00开放；教堂博物馆周一至周四、周六9:00～14:00，周日8:00～13:00。

买 新圣母玛利亚香料药草药房
Farmaceutica di Santa Maria Novella

隐身巷弄的古老药妆店

MAP P87.A2

1221年时，多明尼哥教士在新圣母玛利亚教堂内栽种药草制成药膏乳霜，主要作为医疗用途，由于声名远播，1612年便采纳托斯卡纳大公的建议，开放药房对外营业。今天有许多商品的配方仍是根据当时所流传下来的处方制成。

药房内共有三个厅，大厅主要展售脸部、身体保养品及香水，旁厅是薰香与室内芳香水，第三个厅则展示过去教士调配处方时的玻璃瓶罐，以及采用有机生产的蜂蜜、糖果、橄榄油等食品。

这家古老的药草店充满古色古香的历史余韵，入口处飘扬着悦耳的古典音乐，商品包装精致高雅，而且是意大利七家分店中价格最便宜的一家。在宛如博物馆的历史店铺中挑选喜爱的商品，也是莫大的享受。

DATA 🏠 Via della Scala 16 📞 055 216270，055 2302437t

赏 圣洛伦佐教堂San Lorenzo
梅第奇家族的专属教堂

MAP P87.B2

　　这是为梅第奇家族设计的专属教堂，1419年布鲁涅列斯基根据原先存在的中世纪教堂改建，不过正面没有完成。玛特奥·尼杰提（Matteo Nigetti）于1604年设计的君王礼拜堂（Cappella dei Principi），运用大理石与珍贵石材镶嵌出极为繁复华丽的内部。右耳廊是梅第奇家族墓园（Tombe Medicee），米开朗琪罗为其中两个灵柩雕了《暮》、《夜》、《晨》与《昼》四尊著名人像。左侧的中庭回廊则是米开朗琪罗规划的梅第奇·劳伦齐阿纳图书馆（Biblioteca Medicea Laurenziana），保存此家族所珍藏的手稿。

DATA 地 Piazza San Lorenzo 时 教堂7:00~12:00，15:30~18:30开放；梅第奇小祭堂8:00~18:30开放。

赏 领主广场Piazza della Signoria
佛罗伦萨的艺术广场

MAP P87.B3

　　这座自14世纪开始就已是佛罗伦萨政治中心的重要广场，今天成为该城最美丽的露天博物馆。首先映入眼帘的，便是堆垛状的石砌建筑老皇宫（Palazzo Vecchio），由当时著名的建筑师坝比奥（Arnolfo di Cambio）设计，1322年加上巨塔之后才正式竣工。1540年梅第奇家的柯西摩一世要搬进此宫时，委托瓦萨里（Vasari）把内部大大整修一番，现存的许多壁画，都在描述这位开创托斯卡纳大公国的英雄的丰功伟业。

　　广场上骑马的铜雕正是大公爵柯西摩一世，其他雕像也都与佛罗伦萨的重要历史事件有关，如海神喷泉（Fontana di Nettuno）代表大公国对海权的野心，大卫像则象征佛罗伦萨战胜独裁的共和时期。至于年代较早、由奥卡尼亚（Orcagna）设计的领主回廊（Loggia della Signoria），是最赏心悦目的地方，其内摆放的两座雕像，詹博洛尼亚（Giambologna）的《萨宾人的劫掠》（Ratto delle Sabine）与切利尼（Cellini）的《珀尔修斯》（Perseo），充满戏剧性的张力，正是矫饰主义的经典之作。

DATA 地 Piazza della Signoria 时 老皇宫周一至周三、周五与周六9:00~19:00，周日8:00~13:00。

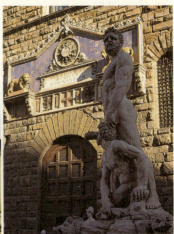

赏 圣母百花大教堂建筑群Santa Maria del Fiore
佛罗伦萨的地标建筑

MAP P87.C2

摄影/拉萨文子　　摄影/拉萨文子

DATA 地 Piazza del Duomo 时 教堂周一至周六10:00~17:00，周日与假日13:00~17:00；
钟塔4月至9月8:30~19:30，10月9:00~18:00，11月至次年3月9:00~17:00；洗礼堂周一至
周六13:30~18:30，周日与假日9:00~12:30。

这处佛罗伦萨最显眼的大建筑群包括三个独立主体：主教堂（Duomo）、钟楼（Campanile）与洗礼堂（Battistero）。这个建筑群被划在佛罗伦萨历史中心内，于1982年列入世界文化遗产。

因经商而富裕的佛罗伦萨人想要展现他们的财力，在1296年拆掉旧的圣雷帕拉塔教堂（San Reparata），为新教堂腾出空间，其后由于爆发黑死病疫情导致工程中断。到了1418年，由大建筑师布鲁涅列斯基赢得红色大圆顶的竞图，他没有采用当时流行的"拱鹰架"圆拱木架，而是采取由下往上逐次砌成的"鱼刺式"造法，沿着盘旋内部的463级阶梯上到顶端，可以眺望佛罗伦萨的城景。正立面用彩色大理石镶嵌成新哥特式风格，完成于1887年，是为了与钟楼相呼应而做的设计。

四方柱形的钟楼高85米，使用托斯卡纳所产的白、绿、红三色大理石装饰外部，是1334年由乔托设计的，不过在他死后22年才完成。

八角形的洗礼堂年代古老，公元4世纪时就存在了，其中最有名的当数东侧这扇"天堂之门"，由打败众艺术家脱颖而出的洛伦佐·吉贝尔蒂（Lorenzo Ghiberti）设计，在花了21年做完了北侧大门后，1424~1452年这位大师又着手设计东门，十块铜铸门板呈现出高超的景深技巧。

乌菲兹美术馆 Galleria degli Uffizi

收藏文艺复兴名作的艺术殿堂

　　14世纪出现在佛罗伦萨政治舞台上的梅第奇（Medici）家族，无疑是这座城市的一大福音，由他们主政的300年间，不仅开启了奖励文艺的滥觞，还把这座柯西摩一世管理大公国的办公室改成了美术馆，这也是其名称的由来，因为Uffizi就是"办公室"之意。

　　受到中世纪教会钳制的思想，在乔托（Giotto）、契马布埃（Cimabue）这些讲究自然主义的画家笔下开始活跃了起来，绘画上的追求写实不只影响了艺术，还有人体解剖、医学、天文学上的长足进步，造成人类文明再次苏醒的文艺复兴运动，便在佛罗伦萨开花了。

　　这座重要的美术馆内收藏文艺复兴时期多位名家的大作：保罗·乌切洛（Paolo Uccello）的《圣罗马诺战役》（Battaglia di San Romano）以及皮耶罗·德拉·弗朗切斯卡（Piero della Francesca）创作的《乌尔比诺公爵夫妇》（Duca e Duchessa di Urbino）画像，可以看出几何与用大小来展现透视的快速发展。取材自古希腊神话的主题处处可见，波堤切利（Botticelli）的《维纳斯的诞生》（Nascita` di Venere）、《春》（Primavera）用色鲜艳明亮，一扫黑暗时代的阴沉。

　　此外，达·芬奇年轻时代创作的《天使报喜》（Annuciazione）、米开朗琪罗备受争议的《圣家族》（Sacra Famiglia），在古典美学的沉静中，画中人物却有了动态。提香（Tiziano）的《乌尔比诺的维纳斯》（Venere di Urbino）淡淡阴影所构成的肉体，大胆地展现了女性曼妙的体态。

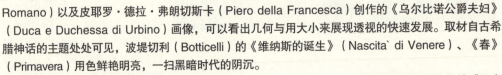

由于内部展品按年代顺序陈列，可从开启文艺复兴时期画风的乔托，一路欣赏到鼎盛时期的波堤切利、达·芬奇、拉斐尔、提香等，以及巴洛克时期的卡拉瓦乔，馆内展览空间宽敞且光线良好，逛起来相当舒服。

DATA 地 Piazzale degli Uffizi 电 055 294883 网 www.uffizi.firenze.it 时 周二至周日 8:15~18:50 票 6,50欧元

波堤切利的《春》

波堤切利的《维纳斯的诞生》

买 🛍 阿莱希酒窖Enoteca Alessi
千种葡萄酒任君挑选　　　　　　MAP P87.B3

　　这间酒窖的所有人乔治·阿莱希（Giorgio Alessi），认为葡萄酒是文明的记载，因此在百花大教堂旁边的中世纪小径里开了这家店。入口处的橱窗展示着威士忌与干邑等烈酒，顾客可以在此品味一杯好酒，地下室则是广达300平方米的酒窖，在完美控制的温度与湿度下，保存超过一千种的葡萄酒。

DATA 地 Via delle Oche 27 电 055 214966 网 www.enotecaalessi.it

游 👣 老桥Ponte Vecchio
可赏夕阳的桥上商店街　　　　　　MAP P87.B4

　　这座佛罗伦萨横跨阿尔诺河的最古老的桥原本是染坊、肉铺与工厂聚集之地，因为污染河水又制造臭味，1593年被费尔迪南多一世（Ferdinando I）公爵驱离，重建了一些店面租给精工艺匠，今天这里仍以贩卖珠宝与黄金饰品著称。桥中央三道中世纪的圆拱，是欣赏阿尔诺河夕阳的好地方。1900年还在此设立了佛罗伦萨16世纪最著名的"精工之父"切利尼（Benvenuto Cellini）的半身像。

DATA 地 Ponte Vecchio

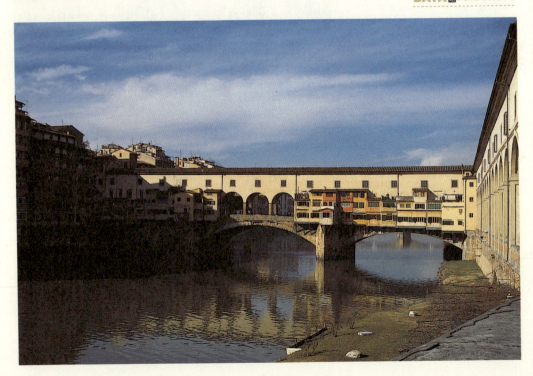

赏 巴杰罗博物馆Bargello
用途更迭的昔日市政厅
MAP P87.C3

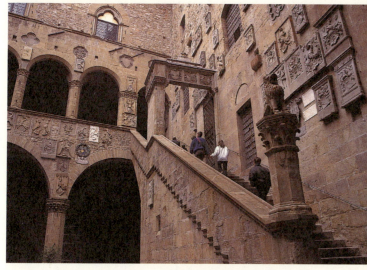

　　建于1255年的堆垛式大楼，为当时市政厅的所在地，也是今天佛罗伦萨最古老的政治性建筑。16世纪改成警长的办公厅与监狱，直到1786年，这里仍是处决犯人的场所。现在则被改为展示佛罗伦萨文艺复兴时期雕刻作品的博物馆，收藏了米开朗琪罗、多那太罗（Donatello）、詹博洛尼亚与切利尼等人的杰作。

DATA 地 Via del Proconsolo 4 电 055 2388606 时 每日9:00~14:00开放

游 圣十字教堂Santa Croce
名人艺术家的安息地
MAP P87.D3

　　这座始建于1294年的哥特式教堂，可以算是佛罗伦萨的万神殿，许多名人都葬在这里，包括雕刻大师米开朗琪罗、著有《君主论》的马基雅弗利（Machiavelli）、但丁、天文学家伽利略等人。旁边由布鲁涅列斯基设计的帕奇小礼拜堂（Cappella de'Pazzi）气氛宁静，是文艺复兴建筑的杰作。教堂博物馆里最重要的展品是契马布埃（Cimabue）的《耶稣受难像》，可惜在1966年一场洪水中严重损毁。

　　关于圣十字教堂有则逸闻，如果参观完感到天旋地转，可能是司汤达病（Stendhal's Disease）在作祟，相传法国作家司汤达在19世纪初参观这座教堂后，感受到文化冲击而瞬间眩晕。这可能是由于教堂用色缤纷，以及19世纪加上了呈几何图形的大理石装饰，让人在视觉上感到疲劳所致。

DATA 地 Piazza di Santa Croce 时 教堂周一至周日8:00~12:30，15:00~16:30开放；博物馆与帕奇小礼拜堂周四至周二10:00~12:30、14:30~18:30开放。

意大利咖啡酒馆Osteria del Caffe' Italiano
地道美味高雅空间

MAP P87.C3

可译作小酒馆的"Osteria"，经过几个世纪的沿革，面貌也渐渐起了变化，有些甚至褪去了乡野的粗犷，演变成精致的餐厅，但无论如何，只要还称为"小酒馆"，就表示传统的精神依然存在。

意大利咖啡酒馆正是把过去Osteria由填饱肚子的小小家常餐馆，提升为极具品味的优雅空间的代表，用餐环境舒适愉悦，内部粉白的墙壁不做过多的装饰，挑高式的天花板又把压迫感降低，配上悦耳的音乐和地道的食物，最适合与情人或三五好友来此品味那份佛罗伦萨独有的典雅风情。

DATA 地 Via Santo Spirito 6/R 网 www.caffeitaliano.it 电 055 218898

◎ 阿尔诺河左岸
含蓄内敛的区域

赏 米开朗琪罗大广场Piazzale Michelangelo
纪念文艺复兴巨匠

MAP P87.D5

1860年由朱塞佩·波吉（Giuseppe Poggi）设计的广场，中央竖立着米开朗琪罗26岁时完成的《大卫》的复制品，以及其为梅第奇家族墓园所创作的《暮》、《夜》、《晨》与《昼》四座雕像的复制品。由于这座广场位于阿尔诺河左岸的山丘上，因此是眺望佛罗伦萨全景最好的地方。

DATA 地 Piazzale Michelangelo

游 圣灵教堂Santo Spirito
热闹的市井之地

MAP P87.A4

1250年奥古斯汀教派在此成立修道院，1444年布鲁涅列斯基为其设计教堂，直到15世纪末才完成，这位大建筑师生前规划的最后一件作品呈现罕见的简朴外观。每天早上这里聚集着摊贩出售日常用品，到了夜晚，周遭的小酒馆、餐厅则是学生喜欢聚集的场所。

DATA 地 Piazza di Santo Spirito 电 周二至周四8:00~12:00、16:00~18:00。

赏 碧提宫Palazzo Pitti
藏品丰富的美术馆
MAP P87.A4

这座宫殿原本是由布鲁涅列斯基为银行家鲁卡·碧提（Luca Pitti）规划的巨大的建筑，于1458年左右开始动工，不过建造工程因为主人破产而中断。后来梅第奇家族把它买了下来，整建完毕成为家族宅第，其后继任的其他统治者也都以此为住家。

目前内部改为几间博物馆，帕拉提纳美术馆（Galleria Palatina）位于二楼，以希腊神祇命名的厅堂挂满了梅第奇家族私人收藏的画作，因为是随个人喜好，所以没有根据年代来排放，其中包括了多位文艺复兴时期艺术家的画作。同样位于二楼的现代艺术美术馆（Galleria dArte Moderna），收藏梅第奇家族的后继者罗连纳家族购买的画作，展品涵盖1784～1924年之间的新古典与浪漫主义风格。

DATA 地Piazza de'Pitti 电055 213440 时帕拉提纳美术馆与纪念起居室周二至周六9:00~19:00，周日9:00~14:00开放；现代艺术美术馆周二至周日9:00~14:00开放；银器博物馆周二至周日9:00~14:00。注这些美术馆和博物馆有联票，可打电话询问，或上www.museumsinflorence.com网站查询。

纪念起居室（Appartamenti Monumentali）建于17世纪，内部装饰着佛罗伦萨多位画家所绘的壁画，金碧辉煌，是佛罗伦萨各朝代领主接见外国使节的正式场所。银器博物馆（Museo degli Argenti）是梅第奇家族的夏宫，展出玻璃器皿、象牙、水晶、琥珀与黄金等珍贵个人收藏。

游 波波利花园Giardino di Boboli
经典意式花园杰作
MAP P87.A5

梅第奇家族买下碧提宫之后，于1549年开始在后方辟建一座大花园。这片在意大利境内名气数一数二的花园经过精心设计，呈现出文艺复兴的精致风格。

建造碧提宫时为了取得沙土建材，在这里挖出了个大洞，后来改建成圆形剧场（Anfiteatro），成为今日佛罗伦萨夏季艺术节的表演舞台。南侧建在原城墙的观景台上，可以从各个不同的角度欣赏城市的风光。另一角的玫瑰园中，有一座小巧的瓷器博物馆（Museo delle Porcellane）。

沿着两侧遍植柏树的林荫大道走下去，可以通到大岛（Isolotto），大岛中央立着詹博洛尼亚所创作的海洋喷泉（Fontana dell'Oceano）。花园出口处则有一座钟乳石洞穴布翁塔伦蒂洞窟（Grotta del Buontalenti），米开朗琪罗的《囚徒》雏形就嵌在里面，而酒神喷泉（Fontana di Bacco）那尊骑在乌龟上的胖子雕像，正是柯西摩一世宫廷中的侏儒皮埃特罗·巴比诺（Pietro Barbino）。

DATA 电055 213440 时9:00到日落前一小时开放，每个月第一个与第四个周一休园。

近郊顺游

>> 顺游1 **辉煌一时的海港王国**

比萨Pisa
MAP P5.B3

位于阿尔诺河口的比萨，在11~13世纪期间，因当时临海的优越地理位置，成为主宰地中海西边的强权国家。与西班牙及北非的贸易往来，让它在文化与科学的领域上都有了长足的进步，尤其是自阿拉伯世界传入的数学与几何，使得建筑师们能够盖出又大又美的教堂，比萨式的风格在托斯卡纳地区几乎可与佛罗伦萨相抗衡。

然而好景不长，阿尔诺河带来的泥沙日渐淤积，终于阻断了比萨直接与大海的联系，加上与北方另一海上王国热那亚的争战不休，于1280年战败之后比萨的国力开始衰退；1406年被佛罗伦萨占领，纳入大公国的统治之下。

由于世人的目光都聚集在上，大家几乎忽略了比萨其他部分的美。位于阿尔诺河畔的棘刺圣母教堂（Santa Maria della Spina），小巧却很精致，内部据说保存着一项非常珍贵的圣物，就是耶稣要被钉上十字架时所戴的荆棘头冠的其中一根刺。坐落该城学术区域心脏地带的骑士广场（Piazza dei Cavalieri），北侧装饰着黑白灰泥浮雕的骑士宫（Palazzo dei Cavalieri），目前内部是一所普通高中，当初是佛罗伦萨的柯西摩一世在占领比萨之后命令瓦沙里所建，以作为他所创立的圣斯特凡诺骑士团驻扎之地。

位于北端旧城墙一角的圣迹园（Campo dei Miracoli），是比萨主教堂的建筑群，与佛罗伦萨的圣母百花大教堂建筑群一样，都是各自独立的主体。主教堂（Duomo）建于1063年，内部满是浮雕的讲道台由乔万

尼・比萨诺（Giovanni Pisano）于14世纪完成。对面拥有红色圆形屋顶的洗礼堂（Battistero）建于1152～1284年之间，里面也有一座杰出的讲道台，出自尼古拉・比萨诺（Nicola Pisano）之手，上面的浮雕描绘着耶稣的生平，而北侧的圣墓园（Camposanto）内保存着一些古罗马石棺。

至于最知名的斜塔（Torre pendente），是属于教堂的钟楼，于1173年动工，1274年盖到第三层的时候开始倾斜，1350年完成时，与垂直线之间有1.4米的差距，到了1993年扩大到5.4米，意大利政府在对其采取抢救措施之后，目前已将斜塔对外开放，据说可以维持这种倾斜度不动达300年。

DATA 🚆 从佛罗伦萨的新圣母玛利亚车站（Firenze S.M.N.）搭火车，约需1小时。出了火车站沿着克里斯皮路（Via F. Crispi）直走，穿越整个市中心到达圣迹园，徒步约需半个小时。
旅游服务中心
🌐 www.comune.pisa.it/turismo
1. 🏠 Piazza del Duomo ☎ 050 560464　　2. 🏠 Piazza della Stazione ☎ 050 42291

近郊顺游

>> 顺游2 **走入中世纪的世界里**

锡耶纳Siena

MAP P5.B3

这座位于山丘上的小城，街道随着山势蜿蜒，两旁耸立着古老的建筑，然而在意想不到的转角后，却是托斯卡纳的美丽丘陵，点缀着红砖屋瓦的房舍，这就是锡耶纳的魅力。1260～1348年是它最繁荣的时期，美丽的建筑纷纷立起，但黑死病流行期间却夺去了这个城市1/3的人口，加上后来佛罗伦萨军队的围城，它最终臣属于大公国的主宰之下，原本欣欣向荣的建设全都停止，战败的锡耶纳就这样被锁在中世纪的时空中。

空地广场（Piazza del Campo）像一把展开的扇子般雄踞在老市区的心脏地带，位居扇把的公共宫（Palazzo Pubblico）建于中世纪，一直是此城的政治中心，今天仍是市政厅所在地，在它左侧的曼吉亚塔楼（Torre del Mangia）高达102米，过去用于在火灾或危险迫近时警告市民。广场上的快乐泉（Fonte Gaia）水源则是15世纪时提供市民用水的地下水道。

市中心另一处精华区就是主教堂（Duomo），建于1136～1382年间，是阿尔卑斯山以南少见的纯哥特式风格，当时的锡耶纳市民从城外搬来黑色与白色的石材协助建造教堂。1339年，市民决定扩建右侧耳廊，让原本的教堂成为基督教世界最大规模的教堂，最后却因瘟疫侵袭而停工，成为如今未完成的模样。这座盖到一半的长殿，目前被改为美术馆（Museo dell'Opera della Metropolitana），馆内收藏有锡耶纳画派大师杜契奥（Duccio）的杰作《庄严的圣母》与《马耶斯达》。

DATA 🚉 从佛罗伦萨的"新圣母玛利亚车站"（Firenze S.M.N.）搭火车，约需1小时40分，到达锡耶纳火车站，再换公交车上山。锡耶纳是座小山城，有许多爬坡道，不过市区不大，步行即可。
旅游服务中心
🏠 il Campo 56 ☎ 0577 280551
🌐 www.terresiena.it

>> 顺游3 美丽小巧的塔之城

圣吉米尼亚诺San Gimignano MAP P5.B3

这里绝对是托斯卡纳最迷人的山城之一，当车子绕行于乡间小路时，那片错落着许多高塔剪影的风景，远远地就抓住了人们的目光。中世纪时，这座城市是从欧洲北部南下前往罗马朝圣的信徒的主要休息站，因此繁荣一时。但在1348年，一场无情的瘟疫席卷整个托斯卡纳地区，信徒被迫改道，让它的经济遭受到严重的打击逐渐没落。不过也因为这个缘故，圣吉米尼亚诺才能保有如此原始的面貌。

来到这座小城，就像走进时光隧道！城内主要的大道分别为乔万尼路（Via San Giovanni）与圣马特奥路（Via San Matteo），其实两者是同一条，由南向北贯穿小城。介于中间的三角形的水井广场（Piazza di Cisterna）古意盎然，中央的一口古井更添悠然意境。另一片主教堂广场（Piazza del Duomo）则是此城的政治与宗教中心，东侧的领主宫（Palazzo del Podesta`）建于1239年，有一座高达51米的方塔，对面是12世纪罗马式主教堂，简朴的外观与满是壁画的内部形成强烈对比。圣马特奥路后半段两旁，罗列着一些小小的店铺，贩卖地道的土产，也是当地居民经常光顾的地方。

不可不知

塔之城的由来

圣吉米尼亚诺原本共有76座高塔，现存14座，这些塔除了是所有者财力的象征之外，也是防御用的堡垒，所以全都没有窗户。其中最古老的当数领主宫的那一座，1255年曾立法禁止后人盖过此塔高度的新塔，不过这条法律被当权者的对手打破。

DATA 在佛罗伦萨火车站旁搭SITA长途巴士，约需1小时10分钟。这座城市非常小，不过却很美，慢慢走个半天都值得。
旅游服务中心
Piazza del Duomo 1 0577 940008

博洛尼亚

✝ 弥漫在长廊间的学术气氛

博洛尼亚
Bologna

城市侧写

建于1088年的博洛尼亚大学是欧洲第一所大学，它正是促进博洛尼亚发展成重要都市区的幕后推手，那段幸福岁月奠定了博洛尼亚最主要的城市景观，也就是红色的砖砌建筑和有遮棚的正面。

漫步在这座规模中等的古老城市里，一道又一道的回廊最教人印象深刻，总长约40千米的连续圆拱在视觉上所造成的景深效果，让这座古城的魅力更有深度。

建于16世纪的老城墙虽已被改为外环车行大道，但位于其中的市区仍是古意盎然，不管是新建的或是旧日保留下来的回廊，毫不突兀地串联在一起，创造出舒适的步行空间。莘莘学子疾行赶往学校、上班族匆匆走向办公室、店主正在橱窗里摆上新鲜面食……最平实的众生相、最美妙的古城脉动，就在长长的拱廊底下进行，一直延续至今。

TRAVEL INFO

● 博洛尼亚虽是艾米利亚－罗马涅（Emilia-Romagna）大区的最大城市，但是探访老市区，依靠一双脚就够了。
● 旅游服务中心
地址：Piazza Maggiore 1-Palazzo Podesta`和Piazza Medaglie d'Oro-Stazione Ferroviaria
电话：051 246541
网址：www.comune.bologna.it

博洛尼亚市中心图

0 40 80M

主要广场建筑群
Piazza Maggiore

扎博尼大道 Via Zamboni

银行大楼
Palazzo dei Banchi

领主宫
Palazzo del Podesta

海神喷泉
Fontana del Nettuno

市政厅
Palazzo Comune

双塔 Due Torri

鼓手餐食店 Tamburini

圣斯特凡诺教堂 Santo Stefano

阿奇吉纳西欧宫 Archiginnasio

圣多明尼哥教堂 San Domenico

圣佩特罗尼奥教堂
San Petronio

阿奇吉纳西欧宫 Archiginnasio

博洛尼亚大学最初的校舍

MAP P103.B2

　　创立于1088年的博洛尼亚大学（Università di Bologna），是公认的欧洲第一所大学，自古便拥有学术研究的独立性，许多对后世有重要影响力的学者或文人都曾在这里求学或研究，而阿奇吉纳西欧宫就是这所大学成立之初的所在地。

　　1563年教宗庇护四世（Pio IV）下令把法学（包括市民权利与宗教法规）和艺术（包括哲学、医学、数学、物理与自然科学）学院合而为一，并由安东尼奥·莫兰迪（Antonio Morandi）设计增建，其中的法学大教室（Aula Magna dei Legisti）饰满了盾形徽章。不过这座旧大学最教人惊叹之处，是世界最早进行人体解剖实验的解剖剧院（Teatro Anatomico），里头为木材打造的厅堂，并装饰着古代医师的雕像，正中央是冰冷的大理石解剖平台，墙上高高的讲台则由两尊木雕的忠诚大力士、又称为"被剥皮的人"支撑着，内部陈设充满了戏剧性。

DATA 地 Piazza Galvani 1 电 051 276811 网 www.archiginnasio.it 时 周一至周五9:00~18:45，周六9:00~13:45。

游 主要广场建筑群Piazza Maggiore
洋溢蓬勃朝气的场所

MAP P103.B2

市政厅

　　这个区域是博洛尼亚的政治与经济中心，自古以来就是市民聚会的场所。凌驾于广场上的圣佩特罗尼奥教堂（San Petronio）始建于1390年，当地人为了纪念在公元5世纪担任该城主教的圣佩特罗尼奥而建，原本规划要盖得比罗马的圣彼得教堂还大，却被罗马教廷打断，甚至连正立面都没有完成。

　　在教堂对面的右侧是市政厅（Palazzo Comune），包含13~16世纪相继完工的三幢宫殿，中庭有一道阶梯，由布拉曼特设计，通往教皇特使驻扎厅堂，目前其内部是市政厅艺术品收藏馆（Collezioni Comunali d'Arte）。教堂对面的左侧是银行大楼（Palazzo dei Banchi），这个名称的由来，是因中古世纪时这些回廊底下全是汇兑商店，16世纪时建筑师贾科莫（Giacomo Barozzi）设计新的正立面，把原先的店家结合成今天一体的面貌。教堂正对面的领主宫（Palazzo del Podesta`）建于13世纪，它的正立面是在文艺复兴时期重建的，那座阿伦戈塔（Arengo）是这座宫殿最古老的核心，旁边的恩佐王宫（Palazzo di Re Enzo）建于1244年，腓特烈大帝的儿子（也就是萨丁尼亚国王恩佐）从1249年起被囚禁在这里，一直到死。至于旁边水流潺潺的海神喷泉（Fontana del Nettuno），则是詹博洛尼亚的杰作。

圣佩特罗尼奥教堂

市政厅艺术品收藏馆

领主宫　　海神喷泉

DATA 地Piazza Maggiore 电051 246541（旅游服务中心）时圣佩特罗尼奥教堂，周一至周六7:30~13:30、14:30~18:00开放，周日7:30~13:00、14:30~18:45开放；市政厅艺术品收藏馆，周二至周日10:00~18:00，假日10:00~18:30。

游 双塔Due Torri

博洛尼亚的城市地标

MAP P103.C2

这两座留存下来的中世纪斜塔，是目前博洛尼亚的代表地标。这些高塔具有军事上的功用，最初是作为观哨站，随着时间的推移演变成尊贵的象征。其中那座高97.20米、呈2.23米倾斜的阿西内利塔（Torre degli Asinelli），是由贵族格拉多·阿西内利（Gherardo Asinelli）建于1109～1119年之间，内有498级阶梯通往塔顶。较矮的那座加利森达塔（Torre Garisenda）有48米高，倾斜了3.22米，也是在同一世纪由吉贝林党的贵族菲利浦（Filippo）与阿多·加利森达（Addo Garisenda）所建。

DATA 地 Piazza di Porta Ravegnana 时 阿西内利塔夏天9:00～18:00，冬天9:00～17:00开放。

食 鼓手餐食店Tamburini

品尝美味的香肠腊肉

MAP P103.B2

中世纪博洛尼亚的贵族班提佛格里欧（Bentivoglio）将此当做屠宰场，经过几百年来的转手更替，1932年"鼓手"在此开张，原本是香肠腊肉的专卖店，如今则出售各种熟食，中午12:00到下午15:00还提供自助餐，地道的手工面食当然是少不了的一道主食，因为价格合理，又位于便捷的市中心，因此吸引了很多在附近工作的上班族前来用餐。

DATA 地 Via Caprarie 1 电 051 234726 网 www.tamburini.com

游 赞博尼大道Via Zamboni

博洛尼亚大学今日所在地

MAP P103.C1

这条路在中世纪时就存在了，当时叫做圣多纳多路（Strada San Donato），今天的路名是为了纪念在1794年反抗教会统治的年轻人贾格宾诺（Giacobino）。

目前这里是博洛尼亚大学的心脏地带，连续的拱廊下可体验年轻学子的活泼气息。两侧林立的古老的大楼分布着各个科系，其中的玛维季坎佩吉宫（Palazzo Malvezzi Campeggi）是法律学院，马汀尼音乐院由修道院改成，意大利歌剧大师罗西尼（Gioacchino Rossini）曾在此就读。

DATA 地 Via Zamboni

圣斯特凡诺教堂Santo Stefano
神圣的宗教建筑群

MAP P103.C2

公元392年，米兰的红衣主教圣安布鲁乔在此盖了座小教堂，供奉博洛尼亚的殉教圣人维塔莱（Vitale）与阿格里科拉（Agricola）的圣体，半个世纪之后，圣佩特罗尼奥在此复制了耶路撒冷的圣墓。727年入侵的蛮族伦巴第人将此作为信仰中心，后来遭到弃置，到了10世纪本笃会教士又重建这座教堂。今天圣斯特凡诺教堂就像由许多间小教堂、中庭、走道所组成的玩具盒一样，高高低低的建筑把同名广场点缀成博洛尼亚最迷人的地方。

DATA 地 Piazza Santo Stefano 电 051 233256 时 周一至周六7:00~12:00、15:30~18:00，周日与假日7:30~13:00、15:30~18:30。

圣多明尼哥教堂San Domenico
圣人安息的庄严教堂

MAP P103.B3

这座后罗马式风格的教堂建于1228～1238年间，是为了存放古兹曼的圣多明尼哥（San Domenico di Guzman）的遗体所建，位于右耳廊的圣多明尼哥小礼拜堂（Cappella di San Domenico）摆放着美丽的圣多明尼哥石棺（Arca di San Domenico），教堂内描述圣人生平的作品，由尼古拉·比萨诺及他的门生所雕，1494年米开朗琪罗又加上了圣佩特罗尼奥与圣保罗的雕像，以及支撑烛台的天使。位于教堂前的同名广场，仍铺着中古世纪时的鹅卵石，洋溢古朴庄严的气氛。

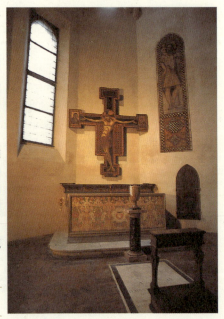

DATA 地 Piazza San Domenico 13 电 051 6400411 时 每日7:00~13:00、15:00~19:30开放。

近郊顺游

>> 顺游1 **美食与艺术并重的小城**

帕尔马Parma

MAP P5.B2

曾是伊特鲁里亚人与高卢人的居住地，公元前183年成为罗马帝国的殖民地。中世纪教会力量凌驾一切，自治政府的势力虽然在成长，然而在主教堂四周却没有任何家族能够与其对抗。14~15世纪期间，帕尔马落入外来统治者之手，最初是维罗纳的斯卡里杰利、米兰的维斯康蒂，最后是斯福尔扎家族，而在法尔奈斯（Farnese）家的教皇保罗三世（Paolo III Farnese）的意愿之下，帕尔马成为公国，直到意大利统一。

位于市中心的皮洛塔宫（Palazzo della Pilotta），庞大的身影矗立在和平广场上，这是帕尔马过去辉煌的象征，它是1583年由法尔奈斯家的屋大维公爵下令建造的，作为大公的住宅，直到1611年才达到今天的规模，至于宫殿的名称应该是来自当时在宫廷中盛行的一种游戏。内部目前是考古博物馆、国家艺廊的所在，其中1618年为了庆祝梅第奇家的柯西摩来此短暂停留而建的法尔奈斯剧院（Teatro Farnese），很教人惊艳。

另一处昔日重要的权力代表则是主教堂建筑群，建于12世纪的主教堂（Duomo）是罗马风格的杰作，一旁高高的尖塔则属于哥特式。八角形的洗礼堂（Battistero）采用维罗纳产的粉红色大理石，内部天花板描绘旧约圣经的分格壁画与代表12个月份的石雕，出自中世纪优秀的艺术家之手。

走在这座城市的街道上，处处可见过去历史遗留下精致的文化，在美食方面更有远近驰名的帕尔马的火腿和奶酪，在这里，视觉与味觉都能获得极大的满足。

DATA 从博洛尼亚的中央车站（Bologna Centrale）搭火车，约需1小时30分钟。帕尔马的老城区规模中等，步行就够了。

旅游服务中心
地 Via Melloni 1/a
电 0521 218889
网 turismo.comune.parma.it/turismo

近郊顺游

基督教统治下的马赛克之都

拉韦纳Ravenna

MAP P5.C2

诞生在波河出海口沙洲边缘地带的拉韦纳，被奥古斯都大帝选为控制罗马帝国东部的舰队根据地。5世纪初期，这座小城被选为哥特人皇帝德里格（Teodorico）统治的西罗马帝国首都，皇族的宫殿纷纷建立，内部饰以美轮美奂的马赛克镶嵌。之后查士丁尼（Giustiniano）大帝当权的拜占庭帝国期间，又是它另一段辉煌的岁月，不过接下来它经历各个政权更替，因而逐渐没落。

今天的拉韦纳仍保存许多早期建筑，外观是古朴的红砖，里面却是与外部形成强烈对比的彩色马赛克装饰，一颗颗晶莹的细小微粒，打造出古罗马无人能及的精致文化，也让它展现出异于其他城市的特殊景观。

位于古城区西北端的圣维塔莱教堂（Basilica di San Vitale）建筑群，是早期基督教建筑的顶尖之作，建于526～547年间，主体呈同心八角形两层楼式样，内部以大理石和马赛克装饰，其中最珍贵的镶嵌画在半圆后殿，带着浓浓的拜占庭风格。庭园中有一幢十字型的加拉·普拉奇迪亚之墓（Mausoleo di Galla Placidia），建于425～450年，这位皇帝之子从罗马移灵到此，里面色彩鲜艳的马赛克与砖砌的外表实在不相配。

至于主教堂旁边八角形的内欧尼安诺洗礼堂（Battistero Neoniano）是西罗马帝国晚期的作品，圆顶上有圣约翰为耶稣施洗的马赛克。另一座亚利安人洗礼堂（Battistero degli Ariani）说明当时在这座城市里，天主教与亚利安异教之间的和平共存，内部圆顶亦是镶嵌的耶稣受洗图。

原本是亚利安异教神殿、后来被改为天主教信仰中心的新圣阿波利纳雷教堂（Sant'Apollinare Nuovo），内部的马赛克分上下两列，上面是特德里格时期完成的旧约圣经故事，下面则是查士丁尼时期的描绘贞女与殉教圣人的画面。另有一座位于城郊、也是献给同一位圣人的舰队根据地之圣阿波利纳雷教堂（Basilica di Sant' Apollinare in Classe）建于公元6世纪，后殿的马赛克表现的是耶稣变容的寓言画面。

DATA 交 从博洛尼亚中央车站搭火车，约需1小时10分钟。市中心几处重要的马赛克镶嵌画景点，步行即可到达。位于城郊2千米处的舰队根据地之圣阿波利纳雷教堂可以在火车站前搭40、44号公交车前往。

旅游服务中心

地 Via Salara 8/12

电 0544 35404

网 www.turismo.ravenna.it

不可不知

拉韦纳的马赛克联票

若想一一参观拉韦纳的马赛克艺术，可购买多日有效的联票，包含圣维塔莱教堂、加拉·普拉奇迪亚之墓、内欧尼安诺洗礼堂、新圣阿波利纳雷教堂等重要景点，可上网查询：www.ravennamosaici.it。

▶▶▶ 顺访国中之国

隐身缥缈云雾间的山丘小国

圣马力诺 | San Marino

　　根据传说，公元4世纪时一位名叫马力诺的基督徒切石工来到附近的城市工作，刚好碰上罗马的迪欧克雷济安诺大帝颁布反基督教的敕令，于是他就逃到蒂塔诺山（Monte Titano）躲起来，很短的时间内他的名声吸引了同样虔诚的弟兄来到这里，于是在山上建立了第一个基督教自治团体。当罗马帝国的势力日渐衰退而教会的地位尚未巩固之前，在市民的意愿之下，成立了自己的政府，为了纪念当初的奠基者，于是取名为"圣马力诺自治政府"，成为今天圣马力诺共和国的前身。

　　这个独立小国位于750米高的山头上，国土总面积有60.57平方公里，没有国界与海关，人口不到3万，以意大利语为官方语言，拥有独立的邮票与货币——这也是游客很喜欢收集的纪念品。每年举办的一级方程式赛车也包括圣马力诺大奖赛，不过由于国土面积实在太小，比赛是在距离圣马力诺西北方约100公里的意大利城镇举行的。

TRAVEL INFO

● 从博洛尼亚中央车站（Bologna Centrale）搭火车到滨海城市里里米尼（Rimini），约需1小时，再换长途巴士前往，这一段路要45分钟车程。圣马力诺的市区位于山头上，范围不大，爬城墙纯粹就是靠脚力。

旅游服务中心
地 Contrada Omagnano 20
电 +378 0549 882998
网 www.omniway.sm

赏 👀 蒂塔诺小广场Piazzetta Titano
圣马力诺的市中心
MAP P111.B2

　　在古老的蒂塔诺小广场（Piazzetta Titano）上坐落着圣马力诺国立美术与博物馆（Museo e Pinacoteca di Stato di San Marino），馆藏有两个核心主题，一个是考古发现的文物，另一项则是19世纪接受各方馈赠的画作。而位于广场边的圣方济教堂（Pinacoteca San Francesco）从14世纪就开始修筑，历经不同时期的整建，如今内部是博物馆与画廊，收藏宗教装饰品与16~17世纪的艺术文物。

DATA 地 Piazzetta Titano

圣方济教堂
Pinacoteca San Francesco

自由广场
Piazza della Liberta`

城墙

政府大楼
Palazzo del Governo

Piazza di Sopra

Piazza Grande

Via O. Scarito

Costa dell'Arnella

Salita alla Rocca

Contrada del Magazzeni

旅游服务中心

Contrada Omagnano

Contrada Del Planello

Contrada del Collegio

Contrada Santa Croce

Salita alla Cesta

Via della Fratta

Tennis

Via Eugippo

Galleria d'Arte

Monast. S. Chiara

Contrada Omerelli

Palazzo Begni

Contrada delle Mura

Via Basicjus

Piazza Garibaldi

Piazza S. Agata

P.le lo Stradone

Via Paolo III

P.le Giangi

Viale Antonio Onofri

Via J. Istriani

Via G. Matteotti

Viale Federico d'Urbino

Via Piana

P.le Calcigni

Via della Capannaccia

Via della Cella Bella

Via del Voltone

蒂塔诺小广场
Piazzetta Titano

Via Piana

Via Gino Giacomini

Via Piana

Via Ca' Giello

圣方济门
Porta di San Francesco

Via Napolenne Bonaparte

N

圣马力诺全图

赏 自由广场 Piazza della Liberta
政府机关所在地

MAP P111.B2

位居老市区心脏地带的自由广场（Piazza della Libertà），是该国的政治重心，其上的政府大楼（Palazzo del Governo）虽于1894年完工，采用的却是中古世纪的哥特式建筑风格，目前内部开放参观。

DATA 地 Piazza della Liberta

游 城墙
捍卫国土的堡垒

MAP P111.C1

这个独立小国的城墙非常完整，矗立在蒂塔诺山头上。主要入口是建于1451年的圣方济门（Porta di San Francesco），沿着11世纪就已存在的陡峭城墙走一遭会经过三座高塔，高塔提供了极佳的眺景视野。若是在多雾的清晨起个大早，此时整个圣马力诺都还在沉睡中，眺望被山岚笼罩的远方，感觉既迷离又缥缈。

✝ 充满华丽宫殿的海港城

热那亚
Genova

城市侧写

公元前5~前6世纪之间，这里已有人烟，并因和伊特鲁里亚与希腊人的贸易而逐渐繁荣，城市虽在第二次的迦太基大战中被毁，但罗马人又马上完成了重建。中世纪前期曾被哥特人、拜占庭与伦巴第蛮族所统治，后来还遭到北非伊斯兰教徒的劫掠；1284年与1298年相继打败比萨和威尼斯两个海权国家，势力开始往利古里亚地区（Liguria）拓展。1528年出现了一位重要人物安德历亚·多里亚（Andrea Doria），在其担任总督期间开始复兴这个海上共和国，富有的商人也聘请凡·戴克（Van Dyck）、鲁本斯（Rubens）等艺术家来美化他们的宫殿。

由昔日港湾往山丘迤逦的热那亚，是北意的工业铁三角之一，繁忙的经济活动穿插在古老的港区之间，斜坡街道满是教堂与贵族的宫殿，文化的气息仍飘荡在海洋的气味中。

TRAVEL INFO

● 热那亚的老市区没有地铁通过，利用大众运输系统虽称便利，不过高高低低的小径，不妨用走的来享受悠闲的乐趣。

● 旅游服务中心
地址：Stazione Ferroviaria Principe/Piazza Acquaverde
电话：010 2462633
网址：www.turismoinliguria.it

热那亚市中心图

君王宫Palazzo del Principe
名家门生设计的美丽宫殿

MAP P113.A1

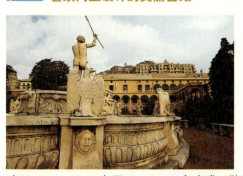

安德历亚·多里亚于1521年命人兴建的宫殿，直到16世纪末才完工，庞大的格局、丰富的装饰，正是这位当时欧洲重要政治人物展现权势的象征。内部的设计委托拉斐尔的门生佩林·德·瓦加（Perin del Vaga）于1528~1533年完成，散发着热那亚式的文艺复兴风格。由米开朗琪罗的门徒蒙托索里（Montorsoli）所雕的海精灵喷泉（Fontana di Tritone）和塔迪奥·卡尔隆（Taddeo Carlone）的海神喷泉（Fontana del Nettuno），坐落在充满绿意的花园平台中。

DATA 地 Piazza del Principe 4 电 010 25550917 时 周二至周日10:00~17:00开放
网 www.palazzodelprincipe.it

不可不知

哥伦布之家

在君王门（Prta Soprano）外有一间爬满藤蔓的小屋，据说是哥伦布（Cristoforo Colombo）的家，这位发现美洲新大陆的关键人物，人们对他的生平目前所知不多，根据此城的档案记载，他诞生于1451年的8月到9月间。现存的房舍是在1684年被法国人炸毁之后重建的。

赏 王宫Palazzo Reale

感受昔日贵族的生活

MAP P113.B1

建筑体最早的核心是由斯凡特诺·巴尔比（Stefano Balbi）于1645~1655年之间所建，18世纪初期转为杜拉佐（Durazzo）家族所有，当时他们委托卡尔·佛塔纳（Carlo Fontana）将它重整。

1824年被萨沃依（Savoia）家购得，将它扩建为配得上朝廷所在地的王宫。入口处的巨大门厅摆着拥有这个家族徽章的马车，二楼用于举行正式典礼，还有一些私人房间，后面凌空而建的花园可以眺望港口。而珍贵的家具、日常用品、壁毯、挂画，以及各个不同的厅室，现在被划入国立王宫美术馆（Galleria Nazionale di Palazzo Reale）。

DATA 🏠 Via Balbi 10 ☎ 010 27101 🌐 www.palazzorealegenova.it ⏰ 周三至周六9:00~19:00，周日至周二9:00~13:45开放。

赏 加里波第大道Via Garibaldi

坐落三处必赏宫殿

MAP P113.D2

又被称为新街（Strada Nuova）的加里波第大道，整修过后变得光鲜亮丽，两侧全是华美的大型宫殿，其中以红、白两宫最为经典，目前内部皆为美术馆。

红宫（Palazzo Rosso）建于1671~1677年之间，是热那亚巴洛克风格建筑的典型，内部所陈列的布利格诺·塞尔（Brignole Sale）家族财产，是由佳里叶拉女公爵捐给市政厅的，其中以凡代戴克为这个家族成员所绘的画像最为出名。

白宫（Palazzo Bianco）原本是格里马尔迪宫（Palazzo Grimaldi），18世纪时重新整修过，1889年佳里叶拉女公爵也把它捐了出来，主要展品为13~15世纪欧洲最伟大的画家和热那亚重要的艺术家的画作。

斯皮诺拉宫（Palazzo Spinola）是热那亚当地本土形式的住宅，原是格里马尔迪家族所有，后来过渡到斯皮诺拉家族的手中。目前各个楼层仍保存过去上流社会的迷人风采，顶楼是国立利古里亚画廊（Galleria Nazionale della Liguria）的所在地，其中收藏的重要作品包括鲁本斯的《骑马的乔卡罗朵利亚画像》与詹博洛尼亚的《天使》。

DATA ■红宫 🏠 Via Garibaldi 18 ☎ 010 2476351 🌐 www.museopalazzorosso.it ⏰ 周二、周四和周五9:00~13:00，周三和周六9:00~19:00，周日10:00~18:00。■白宫 🏠 Via Garibaldi 11 ☎ 010 5572013 🌐 www.museopalazzobianco.it ⏰ 周二9:00~13:00，周三9:00~19:00，周四和周五9:00~13:00，周六9:00~19:00，周日10:00~18:00。■斯皮诺拉宫 🏠 Piazza Pellicceria 1 ☎ 010 2705300 🌐 www.palazzospinola.it ⏰ 周二至周六9:00~19:00，周日14:00~19:00。

赏 圣洛伦佐教堂San Lorenzo

内部装饰金碧辉煌

MAP P113.C3

　　这座热那亚的主教堂，建于1098~1118年之间，从13世纪开始整个重修，主体为罗马风格式建筑，14世纪完成的黑白相间正立面则为哥特式。内部半圆拱状天花板与后殿屋顶，装饰着涂有金漆的浮雕与壁画。从圣器室可以进入由建筑师佛朗科·科尔比尼（Franco Albini）于1956年设计的圣洛伦佐地下博物馆，其中还藏有一个日耳曼红胡子大帝腓特烈一世的银棺，那是1178年由条顿族的皇帝送给这座主教堂的。

DATA 地 Via T. Reggio 17 电 010 865786 时 周一至周六9:00~12:00、15:00~18:00开放。

DATA 地 Piazza De Ferrari

赏 法拉利广场Piazza De Ferrari

经济交易活跃的广场

MAP P113.D3

　　19世纪初期在最富有的慈善家，也就是佳里叶拉的公爵拉斐尔·德·法拉利（Raffaele De Ferrari）的主导下，请来卡罗·巴拉比诺（Carlo Barabino）规划这片广场，同时也设计了广场旁边的卡罗·费利切歌剧院（Teatro Carlo Felice）和利古里亚艺术学院（Accademia Ligustica di Belle Arti）的新古典正立面，广场四周围绕着银行、保险公司与证券市场等机构，显得一派繁荣。

>> 顺游1 **充满色彩的宁静海岸**

五渔村Cinque Terre   MAP P5.B2

利古里亚（Liguria）位于意大利西北靠海区域，阿尔卑斯山向南延伸的分支与亚平宁山在这里互相推挤，因此不见广大的平原，只见直切入海的山丘,在充满野生植物的山林与湛蓝的大海之间挤出一条漂亮的海岸线。在热那亚以南的东段（Levante）沿海，小小的渔村在山海之间一个接着一个，形成人文与自然完美结合的景象，19世纪大批涌进的英、法、德等国游客，开启了这条狭窄海岸线的观光热潮。

这条短短的海岸线上有五座非常美丽的小渔村，由北向南分别是海边的蒙泰罗索（Monterosso al Mare）、韦尔纳扎（Vernazza）、科尔尼利亚（Coniglia）、马纳罗拉（Manarola）与里奥马焦雷（Riomaggiore）。海边的蒙泰罗索有一片不算小的沙滩，夏天挤满了戏水的人潮，市中心的卡布奇尼修道院内有凡·戴克与卢卡·坝贝尔索（Luca Cambiaso）的珍贵画作。韦尔纳扎的渔港码头边有安提约基亚的圣玛格丽特教堂（Santa Margherita d'Antiochia），可登上两座北非伊斯兰教徒所盖的高塔俯瞰海岸全景。科尔尼利亚傍山辟出葡萄园，隐藏在山上的绿意里。马纳罗拉挺立在绝壁上的彩色民宅，非常具有诗意。里奥马焦雷往海边迤逦的店家，充满生活情趣及小渔村的宁静气息。在最后两座渔村之间，还有一条爱的小路（Via dell'Amore），沿着绝壁凿出来的平缓步行道，景观极佳，路况良好，是漫步赏景的绝佳场所。

DATA 🚇 从热那亚的君王广场（Piazza Principe）或是布里诺尔（Brignole）火车站搭火车到五渔村的第一站蒙泰罗索（Monterosso）下车，约需1小时45分钟。五渔村之间有专门的小火车行驶，每一站都停，可以在南或北的起始站买一日票，沿途上下，也可以徒步游览，因为这里本来就是健行者的天堂。

旅游服务中心 🏠 Stazione Feroviaria Monterosso/Via Fegina 40 ☎ 0187 817059 🌐 www.cinqueterre.it

佩鲁贾

佩鲁贾
Perugia

城市侧写

翁布里亚（Umbria）是意大利中部山区不靠海的大区，在中世纪时这里是罗马教宗控制的领域，所以境内的城市线条都比较严谨简朴，至今仍充满浓浓的乡村味道，与隔壁五彩缤纷的托斯卡纳相比，经常被人戏称为它的"穷姐妹"。

首府佩鲁贾是座位于山头的古城，公元前10世纪就有人居住，之后成为伊特鲁里亚人的城市，到了公元前217年，罗马人在此设立市政厅，奥古斯都大帝摧毁旧城又将它重建。在拜占庭帝国统治期间，城市开始蓬勃发展，直到1531年落入教会之手为止。如今，佩鲁贾的老市区就像活生生的考古博物馆，过去的经历在城市的每个角落层层叠叠地堆砌出岁月的痕迹。规模不大的市中心是附近居民最喜欢聚集的地方，每到黄昏时分，唯一的万努奇大道（Corso Vannucci）满满是人，来此散散步、喝喝咖啡，体会这里特有的悠闲的生活步调。

TRAVEL INFO

●佩鲁贾的老城区在山上，出了火车站可搭公交车前往。山城很小，规模又不大，步行就可以了。

●旅游服务中心
地址：Piazza IV Novembre 3
电话：075 5736458
网址：www.perugia.umbria2000.it

佩鲁贾市中心图

主教堂Duomo
大喷泉Fontana Maggiore
十一月四日广场 Piazza IV Novembre
执政长宫 Palazzo dei Priori
万努奇大道Corso Vannucci

执政长宫Palazzo dei Priori
洋溢中世纪风味的建筑

MAP P117.A2

这座意大利境内规模数一数二的中世纪建筑，建于佩鲁贾最辉煌的1293~1443年之间，外观充满装饰，这座城市的两个标志"秃鹫"和"狮子"的形象也被运用在建筑的墙上，技艺大门（Portale delle Arti）上的浮雕描绘的是各种恶习与美德。内部的公证人大厅（Sala dei Notari）可见13世纪时当地艺术家的绘画，一条条巨型拱廊从墙壁延伸出来，几乎遮住整个天花板。而同样位于建筑内的国立翁布里亚美术馆（Galleria Nazionale dell'Umbria），典藏了13~18世纪本城最具代表性的文物。

DATA 地 Piazza IV Novembre 电（75 5741257 时公证人大厅9:00~13:00，15:00~19:00，11月至次年2月逢周一休馆；国立翁布里亚美术馆9:00~19:00，每个月第一个周一休馆。

主教堂Duomo
佩鲁贾的信仰中心

MAP P117.B1

这座献给圣洛伦佐（San Lorenzo）的教堂，又被称为圣洛伦佐教堂（Cattedrale Di San Lorenzo）。1300年开始规划，1345年奠下第一块基石，1437年才真正动工，不过迄今正立面仍是未完成的模样。左侧覆着红白相间的玫瑰色大理石，而在优美的哥特式大门上方的宝龛内有一个十字架，是为纪念佩鲁贾人对抗教宗法尔奈斯家的保罗三世的"盐税战争"而做。教堂的内部有一个San Anello小礼拜，黄金打造的神龛里珍藏着古代传统的圣母婚戒。而坐落在教堂旁边的主教堂博物馆，则收藏有许多佩鲁贾当地及意大利艺术家的名作。

DATA 地 Piazza Dante 电 075 5723968 时周一至周日8:30~18:00开放

赏 大喷泉Fontana Maggiore

造型貌似结婚蛋糕

MAP P117.B2

佩鲁贾最主要的道路万努奇大道的尽头为十一月四日广场（Piazza IV Novembre），这座广场上最显眼的目标，就是建于1275～1278年间的大喷泉，结构共分为三层，由刻着浮雕的大理石片与石柱组成多边造型，底层有25片、中层有24片，最上层是铜铸水盆，大理石上装饰的浮雕象征12个月份与圣经人物。

DATA 🏛 Piazza IV Novembre

近郊顺游

>> 顺游1 玫瑰色石打造的圣城

阿西西Assisi

MAP P7.C3

1182年诞生于此的方济（Francesco），深深影响了这座城市。方济的父亲是成功的织品商人，因此他从小生活优越，并接受了良好的教育，娴熟音乐与拉丁文。他年轻时因向往骑士生涯而从军，受俘期间受到神恩感召，从此决定献身宗教，创立崇尚俭朴的方济会，由于他创作了许多优美的赞美诗，成为第一位韵文诗人。他在1226年去世，两年后被封为圣人，所以他的出生地阿西西就成了这个教派的圣地。

这座采用苏巴修山（Subasio）所产的玫瑰色石材建筑的小城，依旧保留着非常完好的中世纪面貌，成为翁布里亚地区最重要的观光重镇。除了欣赏教堂、探访小径之外，停下脚步来看看它的日落，就会明白阿西西致命的吸引力何在。

东西方向较长的老市区，城墙仍很完整。雄踞西端的庞大白色建筑，就是著名的圣方济大教堂（Basilica di S.Francesco），分为上下两层，1227年开始动工，到1367年才盖完，当时最主要的艺术家都参与了教堂内部的装饰，如乔托、契马布埃（Cimabue）、洛伦泽蒂（Lorenzetti）。圣方济的遗体如今摆在1818年才凿出的地下墓穴，原先怕有不法之徒想将这副珍贵的骨骸占为己有，而一直没有透露存放的确切地点。

沿着圣方济大道（Via S. Francesco）直走，中途的市政厅广场（Piazza del Comune）正是此城的心脏地带，拥有美丽长柱的米内瓦神殿（Tempio di Minevra）建于公元1世纪，随着时序移转，于1456年被改为教堂。

往下走在出城门前，位于东南角落的圣女奇阿拉教堂（Santa Chiara）格局居次，1257年开始兴建，8年后完成。不过这位方济修女会的创始人于1260年时就已葬在这里了。从旁边一条陡峭小路可以上到另一座虽没那么有名、却值得拜访的圣鲁菲诺教堂（San Rufino），带着翁布里亚式的罗马风格。

DATA 🚃 从佩鲁贾搭火车，约半小时车程。出了火车站，可搭公交车到位于半山腰的小城，城区很小，步行就可轻松逛游。
旅游服务中心🏛 Piazza del Comune 12 ☎ 075 812534
🌐 www.comune.assisi.pg.it

那波利（又译那不勒斯）
Napoli | Naples

城市侧写

这座光怪陆离的南意大城，外观是非常矛盾的，因为建筑破破烂烂，居民的举止又不优雅，街道也很脏乱，但若因此而错过它，那真的是太可惜了！这里过去是法国波旁王朝（Maison de Bourbon）统治的西西里王国的首都，拥有南意最著名的大学、最好听的民谣，还有世界上最好吃的比萨！同时更以它优美的夜色，与日本函馆、我国香港并称世界三大夜景。

中世纪时期，法国、日耳曼、西班牙先后统治过那波利，这些贵族建起了城堡与气派的宫殿，他们又都是虔诚的教徒，极尽所能地盖教堂，把内部装饰得金碧辉煌。但也因长期受外族统治，领主多不太顾及民生，造成今天那波利人的无赖心态。后来西班牙人的长期占领，更为此城留下深刻的印记，18世纪的欧洲人形容那波利充满"异国风情"，许多艺术家及大文豪的"大旅行"都不会遗漏这里。因此不要因它的城市外貌望而却步，在这些破败的外表底下，正隐藏着那波利独有的魅力！

TRAVEL INFO

● 那波利的地铁有两线，行驶在老市区的外围以及往邻近的卫星小镇，大众运输尚算便利，然而扒窃之风盛行，其实不太推荐搭乘——不过上山的缆车倒是例外。老市区距离火车站并不远，步行就可以到达，探访这些景点是很有趣的事，只要小心提防骑机车的年轻人。

● 旅游服务中心
地址：Piazza Plebiscito 1-Palazzo Reale
电话：081 2525711
网址：www.inaples.it

那波利市中心图

N

City Guide

游 蛋堡 Castel dell'Ovo
依傍美丽的圣卢恰

MAP P121.C4

矗立在梅格里斯（Megaris）岛上的蛋堡，是那波利最古老的城堡，这个有趣的名字来自当地的一个传说，相传这座城堡里藏着一颗保护此城的神奇蛋，如果蛋被打破了，城堡就会因此毁灭。

公元前1世纪时它是罗马富商的住宅，到了5世纪，一个教会团体在此兴建了教堂，不过整个建筑的核心建于9世纪，尔后轮番统治过那波利的诺曼尼、日耳曼斯维亚、法国安装、西班牙的阿拉贡家族，依据当时的需要，把它修建成为防御性的建筑。到了19世纪时，蛋堡周围修筑了水手与渔夫的泊船处，而成为今天最迷人的圣卢恰（Santa Lucia）港。

DATA 地 Borgo Marinaro 电 081 415002

游 公民投票广场 Piazza Plebiscito
华丽与破败同聚一处

MAP P121.C3

这处那波利最气派的广场，洋溢着浓厚的矛盾的意味。1808年拿破仑的妹夫缪拉（Murat）为了把原本存在于皇宫面前的民间破烂建筑挡住，规划出半圆形的长柱回廊，中央拥有圆顶的建筑是保罗圣方济教堂（San Francesco di Paola）。位于对面的皇宫（Plazzo Reale）是由17世纪统治那波利的西班牙菲利浦三世委派大建筑师多明尼哥·冯塔纳（Domenico Fontana）设计的，旁边紧邻着意大利著名的

圣卡罗歌剧院（Teatro San Carlo），歌剧院大门正对着翁贝托一世回廊（Galleria Umberto I），中央铁架圆顶高达57米，与托莱多大道（Via Toledo）相连，是此城最体面的区域。

DATA 地 Piazza Plebiscito 电 081 5808111 时 周二至周五9:00~14:00开放，周六至周日9:00~13:00、16:00~19:30开放。

横路区Decumano

哥特式教堂聚集区

MAP P121.E1

所谓Decumano，指的是古罗马的横向大道。那波利的老市区便是依着这些遗迹发展而成的，两侧林立着教堂与破落的居民，挂满衣物的城市景观已成为它最有味道的特色。

居中有条法庭大道（Via Tribunali），在13~16世纪期间，这条道路两旁陆续建造了许多哥特式的教堂，其中的主教堂（Duomo）存放着圣杰纳罗的血液，慈爱山丘教堂（Monte della Misericordia）拥有卡拉瓦乔（Caravaggio）所做的杰出画作，圣洛伦佐大教堂（San Lorenzo Maggiore）呈现出了此城建筑的史迹层次、圣保罗大教堂（San Paolo Maggiore）前的广场是古罗马市集的所在，在炼狱中灵魂之圣母教堂（Santa Maria delle Anime del Pugatorio ad Arco）专门收容无主孤魂。

南侧的这一条被称为劈开的那波利（Spaccanapoli），因为被南北向的道路区隔成了七个不同名称的路段。立着纯洁圣母高塔的新耶稣广场（Piazza del Gesu` Nuovo）上矗立着同名教堂，粗火山岩方石堆砌而成的黑色外观成为那波利的代表地标之一。而圣奇阿拉教堂建筑群（Santa Chiara）绝对值得拜访，镶满彩色瓷砖的中庭带着浓浓的南意风情。此外，在圣格雷戈里奥·阿尔梅诺路（Via San Gregorio Armeno）上，躲藏着那波利最迷人的民俗艺术，居于北侧的旧货街（Via Anticaglia），专卖一些二手货。

不可不知

神秘的那波利地下城

自古以来那波利当地居民就习惯从地底下取材，挖取火山灰与黄色凝灰岩来盖房子，挖空的地下矿坑便成为集体地下墓穴、走道与水

道的利用空间，目前这个"那波利地下城"（Napoli sotterranea）开放参观，入口在圣保罗大教堂旁，里头仿佛是个大迷宫，有些走道甚至仅容一人勉强通过，因此参观时会有专人带领。

DATA ■**主教堂** 地 Via Duomo 147 ■**慈爱山丘教堂** 地 Via Tribunali 253 时 周一至周六9:00~13:00 ■**圣洛伦佐大教堂** 地 Via Tribunali 316 时 周一至周六9:00~17:00，周日与假日9:30~13:30。 ■**新耶稣教堂** 地 Piazza del Gesù Nuovo 2 ■**圣奇阿拉教堂建筑群** 地 Via Benedetto Croce

DATA 时 周一至周五12:00~16:00，假日10:00~18:00，每两小时一个梯次。 电 081 2969444 网 www.napolisotterranea.com

123

国立那波利考古博物馆
Museo Archeologico Nazionale di Napoli

古罗马艺术的经典

MAP P121.C1

1777年时波旁王朝的费迪南多四世（Ferdinando IV），把位于加富尔广场（Piaza Cavour）上、由西班牙人盖的大学，重新设计成了皇室博物馆与图书室，到了1860年意大利统一之后，全都被收归国有，如今是南意最负盛名的考古博物馆。

环维苏威地区在罗马帝国时期遭火山掩埋的城镇，如庞贝（Pompei）、埃尔科拉诺（Ercolano）等古城已只剩骨架，而它们最精巧的血肉与灵魂却在这里。《亚历山大大帝马赛克》（Mosaico di Alessandro）描绘了这位王中之王战胜波斯大流士三世的大片镶嵌画，展现了古罗马马赛克艺术的极致。在火山灰烬中沉睡了18个世纪，苏醒之后的《采花女》（Flora）仍展现着极致优雅。而在秘密小室中各种"性"致高昂的奇怪雕像、大小不等的男性生殖器，让人一窥遭火山毁灭之前，古城红灯区的有趣风光。

波旁王朝的卡罗国王（Carlo），从意大利法尔奈斯家族（Farnese）的母亲那里继承的无价雕刻品，目前也存放在这座博物馆内，其中有些甚至来自罗马的卡拉卡拉大浴场，重要藏品之一的《法尔奈斯公牛》（Toro Farnese）呈现最完美的大理石山三度空间群像，《法尔奈斯海格力士》（Ercole Farnese）则是线条优美的古典作品。

DATA 地 Piazza Museo Nazionale 19 电 081 292823 网 www.napolibeniculturali.it 时 周三至周一9:00~19:30 票 4,00欧元

食 米凯莱古老比萨屋
Antica Pizzeria Da Michele

隐身陋巷的超美味比萨　　　MAP P121.D2

　　位于破烂巷弄里、外表又非常不起眼的米凯莱古老比萨屋，可是那波利人最爱光顾的一家店。虽然没有光鲜的装潢，不过墙上的黑白照片与生着炭火的烤炉，就已经把那波利的风情展露无遗。这家当地人有口皆碑的比萨屋，过去只提供"水手比萨"与"玛格丽塔比萨"两种传统口味，如今也增加了"香肠"、"四种奶酪"等选择，能获得深谙美食的那波利人喜爱，靠的是实力与真功夫。

DATA 地Via Cesare Sersale 1–3–5–7 电081 5539204

游 新堡Castel Nuovo

改朝换代就重修的城堡　　MAP P121.C3

　　称为"新堡"，是为了和已经存在的蛋堡、卡普阿城堡（Capua）相区别。由于新入主的安裘王朝（Angiò）觉得前朝的旧建筑不适合居住而在1279年兴建，不过之后占领那波利的阿拉贡家族在1443年时又将其全部改建，伟大的阿方索一世（Alfonso I）为了庆祝自己的胜利，又修了一座白色的凯旋门当成城堡的入口。它是南意文艺复兴早期的杰作，由五座圆柱形巨塔围成的梯形空间，目前是市议会与市立博物馆的所在地。

DATA 地Largo Castello 电081 7952003 时周一至周六9:00~19:00

游 圣马丁诺博物馆与大修道院Certosa e Museo di San Martino

将那波利的历史收藏其中　　　MAP P121.B2

　　安裘家族的卡罗公爵于1325年下令兴建的大修道院，是今天那波利最丰富的纪念性建筑群之一。不过，始于16世纪末期的重建工作，几乎把它的原貌全都改掉。1806年这里为方济会教派所有，1866年成立圣马丁诺博物馆，主要搜集与那波利历史相关的珍贵文件和艺术品。

DATA 地Largo San Martino 5 电081 5781769 时周二至周日
9:00~14:00 交于Montesanto站搭缆车上山

近郊顺游

庞贝Pompei

MAP P5.D4

由希腊人与伊特鲁里亚人建立的殖民地庞贝，因位于沙诺河口（Sarno）坐拥运输之利而商业发达，公元前4世纪开始发展成棋盘状的城市轮廓，随着罗马人在地中海的占领地逐渐扩大，庞贝绝佳的地理位置，正好成为罗马帝国在坎帕尼亚地区极为繁荣的通商海港。

公元62年，突如其来的地震毁损了部分建筑，重建的工作尚在进行，更大的灾难接着来袭，公元79年8月24日，维苏威火山爆发，数以亿吨计的火山砾石朝着庞贝直扑而来，致命的岩浆又以迅雷不及掩耳的速度入侵，所有的声音戛然停止，此后有十数个世纪不复听闻。

1750年，在波旁王朝主导的挖掘工作之下，确认这是一座规模庞大的城市。如今摊在阳光下的庞贝古城，是环维苏威火山带最大的考古遗迹，沉寂了15个世纪，一旦复出却非同小可，不只震慑了历史学者，更目眩了前来探访的世人！

庞贝会被史学家拿来作为研究古罗马文化的范本，是因它在最繁荣的帝国时期突然被火山熔岩整个埋入地底，完全没有后世人为的改建介入与破坏，仿佛被装入时空胶囊。仍被昔日城墙保护着的遗迹，约有2/3被挖掘出来，主要的东西向道路有两条，北侧的诺拉大道（Via di Nora）与南侧的丰裕大道（Via dell'Abbondanza），并由斯塔比安那大道从中纵向切割，而精华区几乎全集中在西半部。

西南侧的市集广场（Foro）周遭，分布着阿波罗神殿（Tempio di Apollo）、宙斯神殿（Tempio di Giove）、大众守护神神殿（Santuario dei Lari Pubblici）、维斯帕夏诺神殿（Tempio di Vespasiano）以及一些公共行政建筑，这里是庞贝的政治与经济重心，不过沿着丰裕大道两旁展开的民宅、店铺、熟食店、面包坊，保存着大量平民生活的痕迹，更是难能可贵！

半圆形、圆形剧场与分据主要大道上的中央浴场（Terme Centrale）、市集广场浴场（Terme del Foro）

和斯塔比安那浴场（Terme Stabiane）代表着公众的交际生活，而在回廊雕像处的七弦琴者之家（Casa del Citarista）、牧神之家（Casa del Fauno）、金色小爱神之家（Casa degli Amori Dorati），也展现了庞贝私人宅第的美轮美奂。位于西北城外的神秘别墅（Villa dei Misteri），以及与真人等高的壁画，更是空前绝后的经典。

DATA 🚇 在那波利中央车站地下，搭乘环维苏威线（Circuvesuviana）小火车于Pompei站下车。参观庞贝城，防晒的措施一定要做好，才不会因烈日当头而失去对古城探索的乐趣。

旅游服务中心

📍 位于海门（Porta Marina）与埃塞德拉广场（Piazza Esedra）的售票口。📞 081 8575347 🌐 www.pompeiisites.org

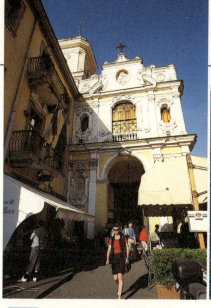
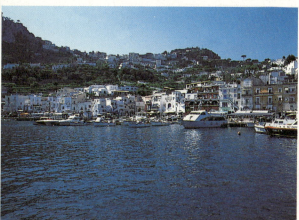

>> 顺游2　**令人沉醉的碧海蓝天**

索伦托Sorrento

MAP P5.D4

介于那波利湾（Golfo di Napoli）与萨勒诺湾（Golfo di Salerno）之间，索伦托拥有"两个海湾"的蓝，在此流连，这种颜色是天经地义的，躲都躲不掉！然而若只有浪涛，似乎又会太过单调，因此沿着海岸线分布的渔港小村，刚好为大海的韵律填上了活泼的歌词，这正是这片蓝会如此出色的原因。维苏威火山到此已成强弩之末，没有沉重的考古历史来争锋，因此民俗的色彩抬头，无须按图索骥，也不必刻意去寻找伟大的遗迹，光是海天一色的奇景，就很教人满足了！

由波旁王朝开辟的道路只到斯塔比亚海边城堡（Castellamare di Stabia）便戛然而止，19世纪之前若想通过陆路来此，只能靠着善于爬山负重的骡子；20世纪涌入的大量游客，才发现这里躲着遗世独立的"天堂之岸"。

索伦托曾是伊特鲁里亚人与希腊人的殖民地，所以棋盘状的城市格局也存在于这块介于山海之间的小小平台上。以16世纪诞生于此的宫廷诗人为名的塔索广场（Piazza Tasso）正是进入本城精华区的起点，老市区便由这里沿着意大利大道（Corso Italia）两侧展开。

这座小城的历史感不是那么重，伟大的建筑也不是那么多。主教堂（Cattedrale dei SS. Filippo e Giacomo）主要是献给菲利浦与贾科摩两位圣人，罗马式风格的光鲜外观，内部展现的却是索伦托地方艺术，圣方济中庭回廊（Chiostro di San Francesco）连续的交叉尖拱，混着浓浓的阿拉伯味，建于16世纪的多米

诺娃之座（Sedil Dominova）过去为贵族所有，如今在斑驳的壁画门廊底下，可见当地的老人在打牌聚会。离市区稍远的可蕾阿雷博物馆（Museo Correale），展示着17~19世纪的珍贵日常用品。

有人形容索伦托是个"彩色的城市"，鲜艳的小瓷砖、陶瓶、镶嵌木板挂饰、香皂、花布衣，还有柑橘与柠檬的"黄"，亮得几乎要着火了，这就是南意挡不住的热情！

DATA 🚇 在那波利中央车站地下，搭乘环绕苏威线（Circuvesuviana）小火车至终点站Sorrento下车。相较于那波利，索伦托的安全性好多了，城区很小，漫步起来非常舒服。
旅游服务中心
📍 Via Luigi De Maio 35 ☎ 081 8074033 🌐 www.sorrentotourism.com

>> 顺游3　寻觅童话中的花园

阿马尔菲海岸 Costiera Amalfitana

MAP P5.D4

阿马尔菲海岸位于索伦托半岛南侧，163号国道正好沿着海岸线开辟，这条介于嶙峋的峭壁、蔚蓝的大海与澄澈的天空之间的道路，极为窄小曲折，车辆行进其间，如同在考验司机驾驶的技术，有时简直就像在"凌空移动"一般！

大自然这位魔法师也在迷人的"蓝色公路"上玩弄着光影与色彩的游戏，经常一个尖锐的弯道之后，眼前突然出现傍山而筑的缤纷小城，镶着五颜六色瓷砖的教堂大圆顶投射出最具"天堂之海"的独特剪影。阿马尔菲海岸的自然奇景固然动人，然而，躲藏在沿途的滨海小城，绝对是赋予它灵魂的最大功臣。

位居阿马尔菲海岸线上最著名的小城，非波西塔诺（Positano）与阿马尔菲（Amalfi）莫属。波西塔诺的范围刚好被这条蓝色公路从中切开，往山上迤逦而去的房宅比较古老，面向海岸分布的蜿蜒小径两侧聚集着五彩缤纷的店家，陶瓷、花布衫，还有最不可或缺的香橼果（Gedro），全是这里的主角，升天圣母教堂（Santa Maria dell'Assunta）以黄、蓝、绿彩色瓷砖镶嵌而成的大圆顶，是这个小渔村的代表地标。

至于与这段海岸同名的阿马尔菲，正点出了这座小城的不凡过往。它曾是意大利第一个海洋共和国，发明旱罗盘的弗拉维奥·乔伊亚（Flavio Gioia）就诞生于此。主教堂建筑群（Duomo）令人震撼。一长串的阶梯上方是极富回廊之美的门厅，内部分为两个主体，较后期的大教堂（Cattedrale）呈现金碧辉煌的巴洛克味道；建于9世纪的十字架上的耶稣教堂（Basilica del Crocifisso）虽也因多次重建而带着同样的风格，但仍有古朴的罗马形式；不过最美的当属带着阿拉伯式的交错尖拱与双柱的天堂中庭（Chiostro del Paradiso），由此还可眺望极具南意风情的摩尔式钟塔。

DATA ⊠ 索伦托的火车站前，有专门行驶阿马尔菲海岸线的长途巴士。此海岸线上的城市规模都很小，徒步是最舒服也最适宜的探访方式。

旅游服务中心
1.波西塔诺Positano
🏠 Via Saracino 4 ☎ 089 875067
🌐 www.aziendaturismo.positano.it
2.阿马尔菲Amalfi
🏠 Via delle Repubbliche Marinare
☎ 089 871107
🌐 www.amalfitouristoffice.it

>> 顺游4　蔚蓝大海中的珍珠

卡普里Capri

MAP P5.D4

那波利湾的碧海蓝天，自古罗马时期以来便是君王贵族们最喜欢兴建别墅的地方，位于索伦托半岛外海的卡普里岛更是得天独厚，2000多年前的奥古斯都与提贝里奥（Tiberio）大帝都在这里拥有个人宅第。

1800年开始，欧洲的文人雅士、艺术家、诗人受到此地海天一色之美的吸引，大批地涌到岛上来，当时盛行"大旅行"，卡普里变成其中不可或缺的一站。陡峭的绝壁直接切入海中，凿出令人惊讶的怪石与大洞穴，古老的废墟傍崖林立，美丽小巧的民家躲在花团锦簇的庭院深处，传说中疾病与战争都触不到的仙岛阿卡迪亚，大概就是如此了！

卡普里岛上有两座小巧可爱的城市，位居东侧的卡普里（Capri）是首府，因此市政大楼所在的翁贝托一世广场（Piazza Umberto I）便是居民经常聚集的场所，不过除了建筑聚集之地以外，往岛的东北角延伸而去的提贝里奥路（Via Tiberio）景观极佳，尽头便是翁贝托一世皇帝所建的乔维斯别墅（Villa Jovis）废墟配上一望无际的大海，的确教人流连忘返。另一条特拉迦拉路（Via di Tragara）同样风光明媚，悠悠古墙爬满了藤蔓，站在观景台上可以欣赏被海潮侵蚀而成的著名地标海岸峭壁（Faraglioni）。

西侧的安娜卡普里（Anacapri）就像个古典美人一样，散发着优雅沉静的气质。沿着奥兰迪路（Via G. Orlandi）两旁，艺术家默默地创作着，贴着彩色瓷砖的街景孕育着浓浓的生活气息。这种颜色亦渗进了宗教建筑里，圣米凯莱教堂（San Michele）的那幅《伊甸园与驱逐亚当和夏娃》镶嵌地板，必须爬上二楼才能看清全貌！

若遇上艳阳高照的好天气，别忘了前往蓝洞（Grotta Azzurra）一探究竟，由阳光折射海底矿物形成的自然奇观，那份晶莹剔透绝对令人难忘。

DATA 从索伦托的小码头（Marina Piccola）搭船，约20~30分钟，也可从那波利直接搭船过来，约需40分钟。若时间充裕，漫步是体验小岛之美的最佳途径，岛上两个主要城市之间有小型公交车行驶，从码头到市中心可搭缆车，前往蓝洞则在卡普里的大码头有专门的船。

旅游服务中心

网 www.capritourism.com

1. 大码头Marina Grande
   Banchina del Porto 电 081 8370634
2. 卡普里Capri
   Piazza Umberto 1 电 081 8370686
3. 安娜卡普里Anacapri
   Via G. Orlandi 59 电 081 8371524

普利亚地区
Puglia

地区侧写

意大利半岛的形状像一只长靴，位于"鞋跟"位置的普利亚，刚好处于各民族交会的要冲。公元前8世纪这里已有土著居住，斯巴达人也来此建立殖民地，在迦太基大战之后，罗马人的势力延伸至此，成为帝国控制东方的根据地，起点在罗马的阿皮亚古道（Via Appia）甚至开辟到了今天通往希腊的大港布林迪西（Brindisi），伟大的腓特烈大帝融合希腊、拉丁与阿拉伯文化，13世纪时在普利亚留下极强的个人特色，在这位拥有日耳曼血统的神圣罗马帝国皇帝的朝廷倾覆之后，接踵而至的安茹、阿拉贡家族、法国、西班牙的外族统治，全都为这块亚得里亚海畔的富饶之地注入丰富的景观元素。

过去的封建制度使得很多地方的原始面貌完整地保存下来，像蘑菇般的圆锥尖顶小屋、由石灰岩凿成的洞穴，这里一间、那里一片，让人为这片奇幻的"鞋跟"地区惊艳不已。

TRAVEL INFO

● 要探访这个地区，自驾车是最便利的方式，意大利国铁经过主要大城，然而很多美丽的小镇却得靠地区小火车与当地长途巴士才能到达，有些大众运输系统甚至只在夏天旅游旺季时才营运。
网址：www.pugliacom.it

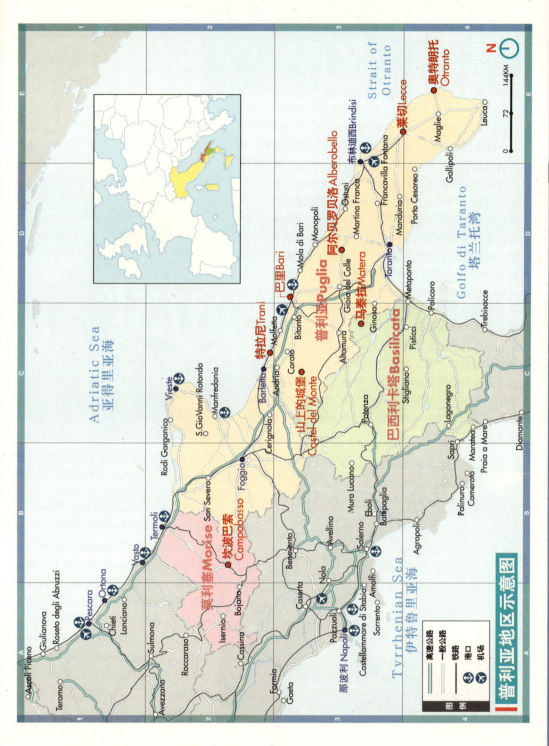

普利亚地区示意图

图例
高速公路
一般公路
铁路
港口
机场
图例

Adriatic Sea
亚得里亚海

Strait of Otranto

奥特朗托 Otranto
莱切 Lecce
阿尔贝罗贝洛 Alberobello
巴里 Bari
特拉尼 Trani
普利亚 Puglia
马泰拉 Matera
山上的城堡 Castel del Monte
巴西利卡塔 Basilicata
莫利塞 Molise
坎波巴索 Campobasso
那波利 Napoli

Golfo di Taranto
塔兰托湾

Tyrrhenian Sea
伊特鲁里亚海

巴里Bari

新旧紧密接合在一起的首邑

TRAVEL INFO

🚄 从罗马特米尼车站（Stazione Termini）搭
欧洲之星，约需5小时左右。可以此地作为基
点，游历区内其他城市。

旅游服务中心
🏠 Piazza A. Moro 33/A ☎ 0883 290293
🌐 www.pugliaturismo.com

棋盘状的整齐大道上，林立着建筑外观漂亮的商店与橱窗，身为普利亚大区首府的巴里，给人的第一印象是活泼又充满朝气的。这个由土著伊利罗人（illiro）所奠基的城市，曾是罗马时代特拉伊安诺军用大道（Via Traiano）上的要冲，中古世纪的最大事件便是圣尼古拉遗体的到来，居民为它盖出了基督教世界有名的大教堂。到了16世纪，在阿拉贡家族的伊莎贝拉女公爵（Isabella d'Aragone）的统领之下，巴里开启了它的辉煌时期，后来被西班牙占领，因饥荒与暴动频仍而逐渐没落。

巴里是目前意大利前往巴尔干半岛与东地中海的主要港口，老市区就在光鲜大路的尽头。突出于大海的小半岛仍被城墙包围着，里面弯弯曲曲的小径中不时出现教堂与小广场，简直就像一座阳光下的博物馆，为巴里现代化的面貌增添了丰富的人文气息。

赏 主教堂Cattedrale di San Sabino

朴实庄严的宗教圣殿

从巴里火车站往北直走，就像进入时光隧道一样，街道不再笔直，空间也变窄了，进入到巴里老市区的心脏地带后，就可看见高耸的主教堂，这座献给圣萨比诺（San Sabino）的罗马式教堂建于11世纪，完成后虽经历被毁与重建的坎坷命运，但其正立面的美丽大玫瑰窗依旧保存完好。

DATA 🏠 Piazza Odegitria ⏰ 08:30~13:00，16:00~19:00。

赏 圣尼古拉教堂Basilica di San Nicola

供奉圣人遗体的美丽教堂

这座城市最重要的宗教建筑，就是这座靠近海边城门的圣尼古拉教堂，于1197年落成，建筑体带着优美的普利亚式罗马风格，内部供奉着巴里商人从小亚细亚偷回的圣尼古拉（San Nicola）的遗体。每年5月的圣尼古拉节，当地人会将圣尼古拉的塑像抬到海中接受供奉，场面相当壮观。

相较于单调的建筑外观，教堂内部显得富丽堂皇，巴洛克式长廊建筑，搭配天花板的圣经故事彩绘及繁复的木雕纹饰，值得花点时间驻足欣赏。

DATA 地 Piazza San Nicola 时 09:00~13:00，16:00~19:00。

游 斯维沃城堡Castello Svevo

造型特殊的坚实城堡

位于老市区西端的斯维沃城堡，最初是由诺曼人所建，13世纪时腓特烈大帝将它扩建成四个角落有高塔的城堡，后来阿拉贡家族的伊莎贝拉女公爵把它加固，改成带有文艺复兴风格的皇家宅第，到了波旁王朝统治期间，则被当成了监狱，今天是普利亚大区文化局的所在地。

DATA 地 Castello Svevo

游 费拉内赛广场Piazza del Ferranese

体验市井活力的区域

参观完老市区后，不妨沿着城墙边的大道慢慢散步，没有建筑遮蔽的视野，可同时欣赏到一边是斑驳的老房子、另一边却是湛蓝大海的美妙风景，之后再绕到费拉内赛广场上稍作休息喝杯咖啡，感受鱼市场的市井活力，巴里的魅力在这海天一线间，展露无遗。

DATA 地 Piazza del Ferranese

特拉尼Trani

亚得里亚海畔最美的倒影

TRAVEL INFO

🚆 从巴里中央车站（Bari Centrale）搭火车，约需40分钟。

旅游服务中心

🏠 Piazza Trieste 10　📞 0883 588830

🌐 www.pugliaturismo.com

传说狄俄墨德斯（Diomede）之子提连诺（Tirreno）于公元3~4世纪建立这座城市。中世纪时沿着海湾周围发展出港都核心，到了诺曼人统治时期，因与大海紧密相连而商业发达，在腓特烈大帝的斯维亚家族主事之下，威尼斯人还在这里成立了一间领事馆。此地在当时经常接待上流人物，并享有某种程度的自治权，老市区内留下来的宫殿与漂亮的建筑，就是那段多彩多姿的过往岁月最好的见证。

今天当地的经济活动依然非常活跃，特别是大理石的生产与麝香葡萄酒的酿造。沿着它那澄澈的港湾走一遭，就能感受到这股强烈的脉动。

主教堂Cattedrale

傍海而立的精神地标

邻海而建的主教堂是特拉尼最大也最显眼的地标，始建于11世纪，所在位置原本是一座圣母教堂，目前看到的坚实模样是13世纪中叶完成的，正面呈现均衡对称之美，紧邻一旁的钟塔建于14世纪，让整体建筑更显高耸。与外面街道地势等高的22根长柱，将内部隔成三道长殿，可通往5~7世纪所凿成的圣莱乌奇奥（San Leucio）地下坟茔，而耳廊底下则是由28根希腊柱支撑的圣尼古拉地下墓穴（Cripta di San Nicola）。

若从主教堂前的大道往西走，还可通到建筑线条极为笔直的斯维沃城堡，可顺道欣赏这座1230年由腓特烈大帝下令在诺曼诺旧址上重建的建筑。

DATA 地 Piazza Duomo

众圣教堂 Chiesa di Ognissanto

历史悠久的优美教堂

众圣路（Via Ognissanto）是特拉尼古老宫殿与重要民宅的聚集地，坐落在这条路上的众圣教堂为建于12世纪的罗马式宗教建筑，后殿造型相当优美，在圣殿骑士团遭到镇压之前，这里一直是他们的根据地。

DATA 地 Via Ognissanto

卡尔米尼教堂Chiesa del Carmine

宁静幽远的一区

往特拉尼港湾的另一端绕去，就会来到充满绿意的公共别墅（Villa Comunale），前面的栎树广场（Piazza Quercia）上有巴洛克式的漂亮教堂卡尔米尼教堂，沿着公园的海边漫步，还可欣赏主教堂高大的身影倒映在宁静无波的海面上，难怪此地成为当地市民最爱的运动散步场所。

DATA 地 Piazza Tiepolo

山上的城堡 Castel del Monte

腓特烈大帝的代表杰作

距离特拉尼约1小时车程的安德利亚（Andria），有一处不可错过的城堡遗迹矗立在空旷的山头上，在南意湛蓝天空的衬托下异常美丽。这座造型奇特的城堡是神圣罗马帝国的腓特烈二世于1229~1249年间所建，建筑主体呈八边形，在八个角落又嵌着八个八边形的柱塔，带有罗马式与诺曼阿拉伯式的某些元素，但整体仍是呈现南意的哥特风格，最初是作为这位皇帝打猎时的居住地，落成时还在此举行了他的私生子维奥兰塔国王的婚礼。

不过在腓特烈二世所属的斯维亚家族被灭之后，这里就被改成了监狱，17世纪起便无人看管，甚至城堡外面的大理石与雕像遭人拔走，还变成牧羊人与土匪的驻扎地。1876年收归意大利国有并展开整修工作，1996年时被列入世界遗产名录。

DATA

✉ 从特拉尼（Trani）搭长途巴士到安德利亚（Andria），再换当地公交车前往，不过此班公交车只有假日才行驶。相关信息可以在特拉尼旅游服务中心询问。

旅游服务中心

🏠 SS. 170 Andria 📞 0883 569997 🕐 周一至周日10:15~19:15

不可不知

与"八"息息相关的神秘城堡

由腓特烈大帝本人设计的山上的城堡，里外都可找到与"八"相关的事物，例如建筑整体为八边形、在八个角有八座同为八边形的塔、每层楼有八间房间等。相传这座建筑隐含难解的、化学上和天文学上的象征意义，因为"八"是永恒的代表、黄金比例，而且圣杯也是八角型的，加上腓特烈又是神秘学的爱好者，亲近伊斯兰的东方思想，因此这座遗世独立在山头上的城堡，更引发世人无限的猜想。

莱切Lecce

普利亚的巴洛克重镇

TRAVEL INFO

交 从巴里中央车站搭火车到莱切，车程约2小时10分钟。

旅游服务中心
地 Via V. Emanuele 24　　电 0832 332463
网 www.pugliaturismo.com

在建筑艺术的地位与视觉的丰富飨宴上，这座位于鞋跟南端的古城绝对是独一无二的。采用当地出产的特殊石材做建材，加上加布里尔·里卡迪（Gabriele Riccardi）、弗朗西斯·安东尼奥（Francesco Antonio）、朱塞佩·赞巴多（Giuseppe Zimbaldo）、艾曼纽·玛涅利（Emanuele Manieri）等大建筑师的巧手，打造出虽然装饰繁复却姿态轻盈的市街风貌。这一切全都要感谢来自西班牙波旁王朝的卡罗五世，他除了把莱切建设为抵抗土耳其人的防御点之外，还让它成为普利亚的首府，一直到1927年才退居为城镇。

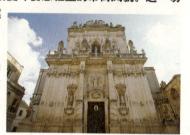

在充满装饰感的市中心漫游，经常会被突然出现在眼前的宫殿、教堂震慑，雕花、小人像、各种卷翘的花边，让人目不暇接，一个惊喜才刚过不久，紧接着新的又马上到来，而且这些巧夺天工不会给人沉重之感。

赏 圣十字教堂Santa Croce

繁复华美的巴洛克风格

很久以前，莱切也是罗马帝国的一个自治城市，位于圣奥龙佐广场（Piazza S. Oronzo）上、建于公元2世纪的椭圆剧场是最好的证明。不过此城最经典的建筑代表作，应算1549年由加布里尔·里卡迪所设计的圣十字教堂，柱头挤满奇异的人像、胖胖的小天使、水果植物，看得人眼花缭乱，这种表现手法成为莱切式巴洛克风格的特点之一。玫瑰窗依旧保存完好。

DATA 地 V.co Saponea

 ## 主教堂广场Piazza del Duomo

华美建筑大观园

  另一个别具魅力的大舞台就是主教堂广场，风格独特又一致的"莱切巴洛克"在此表露无遗。五层楼高的钟楼（Campanile）是朱塞佩·赞巴多的杰作，建于1659~1670年之间的主教堂（Duomo）亦是出于他之手，为了增加戏剧效果，还在侧边多辟出一扇正立面。把此广场的角落封闭起来的红衣主教宫（Palazzo Vescovile），则是另一位巴洛克大师艾曼纽·玛涅利的作品，楼下是回廊，楼上是开放式的阳台。

DATA 地 Piazza del Duomo

 ## 卡罗五世城堡Castello Carlo V

一片华丽中的朴实代表

  莱切花哨的巴洛克风格虽然凌驾该城的一切，不管是教堂还是街角，到处都充满了造型奇幻的小装饰，不过证此风蓬勃发展的大人物卡罗五世国王在老市区边缘留下他的印记——卡罗五世城堡，风格却与他提倡的鬼斧神工、雕花雕草大异其趣，反而呈现出实用的坚实方正外貌。

DATA 地 Viale XXV Luglio

奥特朗托Otranto

必赏质朴的生命之树马赛克

TRAVEL INFO

须由莱切搭长途巴士前往。可在莱切的旅游服务中心询问。

旅游服务中心
地 Piazza Castello
电 0836 801436

若是在晴朗的好天气来到这里，亚得里亚海的蓝与古城的白，会闪耀得教人睁不开眼！也难怪假日时这里总是挤满人潮。由于地处意大利"鞋跟"位置的底部，奥特朗托具有优越的战略位置，让它自古以来写下了不少历史篇章。这座城市由希腊人奠基，到了拜占庭时代地位日趋重要，成为当时政治、商业与宗教重镇，由于它也是前往东方的港口，接下来统治本地的王朝持续增建，使它成为外国商人往来频繁的重要城市。

1480年8月14日土耳其人入侵，此城留下来的800名居民因为不肯放弃基督教信仰，而被全部砍头，这个悲惨的历史事件为奥特朗托留下极深的印记，当时的殉教者也全都成为保护该城的圣人。

赏 主教堂Cattedrale

寓意深远的生命之树

建于1080年的主教堂是造访本城必览的重点，在教堂内部地板上有一幅规模庞大的马赛克镶嵌画，这幅"巨作"是受到当地红衣主教的委托，而由奥特朗托意大利—希腊绘画学校的校长潘达莱奥内（Pantaleone）教士于1163年开始着手，花了两年的时间才完成的，以动物、寓言角色、黄道十二宫符号与圣经人物所组成的生命之树为主题，既带着基督教内涵又有希伯莱异教的味道，融合东西方风格。此外，1480年被土耳其杀害的教徒遗体也被摆在主教堂里。

DATA 地 Piazza Basllica

游 圣彼得小教堂San Pietro
古意盎然的怀旧区域

奥特朗托还有一座躲在弯曲小径转角处的圣彼得小教堂也不容错过，风格为建于5世纪的拜占庭形式，修筑的工作却一直进行到11世纪左右。教堂由四根长柱支撑着非常特别的柱形圆顶，周围还有三座非常小巧的半圆后殿，内部描绘着最后晚餐中的耶稣与门徒，以及替他们洗脚的斑驳壁画，浓浓的古意让四周的意境更加悠远。

DATA 地 Via San Pietro

游 阿拉贡城堡Castello Aragonese
与城墙合为一体的坚实堡垒

雄踞小城南端的阿拉贡城堡，建于16世纪的西班牙统治时期，与城墙连成一片，北侧临海的贝拉斯基碉堡大道（Via Bastioni dei Pelasgi），据说是由擅于筑墙的贝拉斯基族所砌，也是欣赏海天一色的好地方。

DATA 地 入口处在Piazza Castello

阿尔贝罗贝洛 Alberobello

宛如童话天地的蘑菇村

TRAVEL INFO

从巴里中央车站搭东南区域小火车（FS S.E.），此种火车非意大利国铁，到阿尔贝罗贝洛的车程约50分钟。

旅游服务中心

Piazza Ferdinando IV 080 4322822
www.prolocoalberobello.it

经过首府巴里的乡间，躲藏在橄榄园、或是直接摊在阳光下，一丛丛灰色圆锥屋顶、方形白色粉墙的奇特小房子不时地出现，让人仿佛走到一个陌生的意大利国度内，感觉很不真实。而阿尔贝罗贝洛的景观更是教人惊异，这个意思为"美丽的树木"的小镇内全都是这种可爱的小屋，没有高耸繁复的宫殿，面貌与意大利其他古城大相径庭。

这种建筑称为Trullo，过去这一带是孔维沙诺（Conversano）侯爵的领地"密林"，当时阿拉贡的詹吉罗拉摩二世（Giangirolamo II）没有取得在这片林地中建住宅的权利，于是他就颁布命令强迫他的农民不用灰泥而是直接盖，当人家来巡逻时，只要一个晚上就可以拆卸干净，最后一次巡逻过后，又可以很快地建好。如今这种房屋已成为阿尔贝罗贝洛的特色，1996年列入世界遗产名录。

赏 马泰罗塔广场 Largo Martellotta
可爱小镇的市中心

以马泰罗塔广场为界，位于南侧的山丘区（Rione Monti）特色小屋最密集，其中圣安东尼奥教堂（Chiesa S. Antonio）是由当地工匠所盖，高达21.50米，也是Trullo的形式。这一区的商业活动很发达，店家密集，可以买到一些纪念品及当地特产。

DATA Largo Martellotta

赏 小打谷场区 Rione Aia Piccola
气氛宁静的住宅区

位于北侧的小打谷场区气氛非常沉静，是一片几乎没有商店的住宅区，坐落于本区的阿莫雷之家（Casa d'Amore）是19世纪所建，主人弗朗西斯·阿莫雷（Francesco d'Amore）首次使用灰泥把Trullo盖成了住家。

DATA Rione Aia Piccola

赏 最大土屋 Trullo Sovrano
走进蘑菇屋的世界

沿着维多利欧艾曼纽大道（Corso Vittorio Emanuele）继续往北走，便会抵达建于18世纪的最大土屋，目前收归国有，拥有两层结构，内部展示这种当地住宅的配置。

DATA 周一至周六10:00~19:15，周日10:00~13:00、15:00~19:15开放参观。

普利亚近郊顺游

马泰拉Matera
史前人类穴居的石头城

  位于意大利这只长靴最南端的鞋尖与鞋跟之间，有个叫做巴西利卡塔（Basilicata）的大区，位于北侧高原山区的马泰拉是它的首府，由于当地地质为凝灰质岩组成，史前时代便有人类在这些岩石的裂缝中居住。随着时光推移，人们开始在这些洞穴内挖凿出大大小小的住屋，甚至发展出收集水源的巧妙系统：在屋前平台挖掘蓄水池，再通过高低落差与管道，流到石屋各个水槽，以供使用，并且在排出污水的同时，把固体垃圾一并带走。今天的马泰拉，在很多的石屋外面已砌出平整的墙面，并加上了部分屋顶，然而伴随着地势的高高低低所呈现出来的特殊景观，在意大利境内，可称得上是独一无二的。

  由于马泰拉拥有高原地形与坚固岩石，从8世纪至13世纪间，吸引了非常多的僧侣来此辟建隐修院，他们依据当地的原始模式凿出的峭壁教堂，曾多达130座！这也证明了马泰拉过去与拉丁教派及希腊的拜占庭文化有紧密的关系。

  这里的石屋建筑在城东侧的古老区域内分为两区，位于南侧的卡维索石屋区（Sasso Caveoso），目前有几座峭壁教堂开放参观，至于北侧的巴利萨诺石屋区（Sasso Barisano），也拥有几座峭壁教堂。矗立在两片石屋区之间的至高点上的，正是建于1270年的马泰拉的主教堂（Duomo），采取普利亚式的罗马风格，是献给布鲁纳的圣母，也正是本城的守护者的。而位于石屋群外缘的阿西西圣方济教堂（S. Francesco d'Assisi），则是建于一座献给圣彼得与圣保罗的原始地底教堂之上，正立面带有巴洛克的味道。

DATA

⊠ 由巴里的Appulo–Lucane车站搭区域小火车，这种火车非意大利国铁，至马泰拉车程约50分钟。

旅游服务中心

🏠 Via Spine Bianche 22
📞 0835 331817
🌐 www.aptbasilicata.it

普利亚近郊顺游

莫利塞 Morise

鲜为人知的幽静天地

　　紧邻普利亚北侧的莫利塞大区，很少有外地的游客来拜访，因此境内景观没受到什么破坏。此区为多山的地形，小城分布在与外界交通不太频繁的野地里，带有一股遗世独立的乌托邦况味。早期当地的土著萨尼蒂人（Sanniti）长时间反抗罗马帝国的入侵，在今天无人居住的旷野留下了许多不为人知的遗迹，躲在山中的木屋小村，竟然带着浓浓的瑞士味！可能就是因为相关资讯不多，来此地造访时经常都会发现意外的惊喜。

　　本区首府坎波巴索（Campobasso）在罗马灭亡之后，曾遭受拜占庭、伊斯兰教徒的占领，蛮族伦巴第人建立了今天老城区的雏形。16世纪的领主在山头建了蒙福尔特城堡（Castello Monforte），沿着这段弯弯曲曲的小路分别出现圣乔治（San Giorgio）与圣巴托洛米奥（San Bartolomeo）两座教堂，是莫利塞式的罗马风格。由山丘顶端逐渐往下延伸的旧市区，窄小的巷弄很具有探访与漫步的价值。出城后往南行，阿提利亚（Altilia）是莫利塞大区内最重要的考古发现，这座罗马古城遗迹包括公共浴场、市集广场、神殿、剧院等基本建筑，结构完整，时间充裕的话可前往一探。

DATA

📖 从罗马特米尼车站有直达首邑坎波巴索（Campobasso）的火车，约需3小时15分钟。至于区内的移动，最好的方式是开车。

旅游服务中心
🏠 Piazza della Vittoria 14, Campobasso
☎ 0874 415662

西西里岛

✚ 神秘的黑手党发源地

西西里岛
Sicilia

地区侧写

　　西西里岛的古名为特里纳克里亚（Trinacria），意为"三角形的岛"。腓尼基人、迦太基人、希腊人、罗马人、伊斯兰教徒、来自诺曼底的诺曼尼家族（Normanni）、日耳曼的斯维亚家族（Svevia）、法国的安袭王朝（Angiò）、西班牙的阿拉贡王朝（Aragone）与波旁王朝（Borbone），全都在这里留下了足迹。由于西西里岛位于地中海的枢纽位置，在大西洋海权尚未兴起之前，是各国强权争夺的目标，也因长期的外族统治，即使掌权者经过多次更迭，他们所留下的文化余韵，至今却仍飘荡在岛上的每个角落。

　　而西西里最出名的"黑手党"（Mafia），起源可回溯至西西里古老的领主制度，到波旁王朝时期更确立了它的组织性。20世纪60年代还曾爆发新旧黑手党之间的大火拼，在90年代黑手党暗杀了专门围剿他们的大法官之后，意大利政府开始积极介入，平息矛盾。不过游客不是他们的目标，前往旅游时不必过于担心。

　　西西里岛极富异国风情的多重面貌，迥异于北意的冷调精致，地中海艳阳下的古城斑驳沧桑，沉静得就像一片失落的乐园，让人产生急欲探索的好奇。它的美是浑厚而有深度的，即使离去之后，也会回味再三而无法忘情！

TRAVEL INFO

● 岛上的交通尚称便利，主要城市都有火车线相连。每座城市的老市区的规模都不算太大，步行就是城内移动的最佳方式。
网址：www.Sicilia.it

西西里岛全图

图例
高速公路
一般公路
铁路
港口
机场

Tyrrhenian Sea
第勒尼安海

Ustica

Calabria

Petilia Policastro○ ○Crotone
Catanzaro
Amantea
Lamezia Terme
Soverato
Serra San Bruno
Vibo Valentia
Tropea
Gioia Tauro
Taurianova
Roccella Ionica
Locri
Villa San Giovanni
Reggio di Calabria

Ionian Sea
伊奥尼亚海

Stromboli
Panarea
Salina
Filicudi
Alicudi
Lipari
Vulcano

Messina
Milazzo
Patti
Sant'Agata di Militello
Capo d'Orlando
切法卢Cefalù
Randazzo
陶尔米纳Taormina
埃特纳火山Etna
Acireale
卡塔尼亚Catania
Augusta
锡拉库萨Siracusa
Avola
Noto
Pachino

巴勒莫Palermo
Bagheria
Termini Imerese
Corleone
Castelbuono
Alcamo

San Vito lo Capo
埃里切Erice
特拉帕尼Trapani
马沙拉Marsala
Mazara del Vallo
Castelvetrano
Sciacca
阿格里真托Agrigento
Porto Empedocle

埃特纳神Etna
Adrano
Paterno
Enna
Caltanissetta
Piazza Armerina
Caltagirone
Lentini
拉古萨Ragusa
莫迪卡Modica
农庄别墅
Villa del Casale
Licata
Gela

Nicosia
Caltanissetta

Simeto
Salso
Platani
Belice

西西里岛Sicilia

Mediterrnena Sea
地中海

Pantelleria
Pantelleria
(Trapani)

N
144KM
72
0

巴勒莫Palermo

散发破旧沧桑的迷人风情

TRAVEL INFO

交 意大利各主要城市都有班机飞往西西里岛的首府巴勒莫（Palermo）。也可以搭火车，从罗马到巴勒莫车程约12小时，过海峡时火车直接上船，不必换车。

旅游服务中心

网 www.palermotourism.com

1. 地 Piazza Castelnuovo 34　电 091 583847
2. 地 Stazione Centrale FS/Piazza Giulio Cesare　电 091 6165914

由腓尼基人于公元前8世纪莫基，"巴勒莫"在腓尼基的古语中便是"港口"的意思，罗马人统治期间开始蓬勃发展。9世纪阿拉伯人占领西西里岛时，赋予了它异于意大利本土的文化风貌，巴勒真甚至成为伊斯兰教政府的首都，之后入主的诺曼王朝，受东方的影响仍很深远，不过这些遗迹如今已所剩不多，反倒是17、18世纪所留下来的巴洛克风格，凌驾于一切之上。

第二次世界大战为这座风情万种的城市带来极为严重的破坏，战后的复苏又因帮派与黑手党的猖獗而显得杂乱无章，但是在残破的街道中，却隐藏着巴勒莫最动人的风景。

赏 四拐角Quattro Canti
古城区的心脏地带

位于古城区的心脏地带，由马克达（Via Maqueda）与艾曼纽（Corso Vittorio Emanuele）两条主要大道交会处辟成的四拐角（Quattro Canti），因角落有四幢以巴洛克风格的喷泉雕像装饰成圆弧状的建筑而得名，周围聚集了一些商店与餐馆。

DATA 地 位于Via Maqueda与Corso Vittorio Emanuele交会处

买 维奇里亚市场Mercato Vucciria

情调迷人的市集

往东直到港口的这个区域布满窄小的巷弄与弯道，当地人称它为"卡莎"（Kalsa），是源自阿拉伯语的"遴选地"之意。这里也是著名的维奇里亚市场（Mercato Vucciria）的所在地，里头有不少别致的小餐馆，入夜后万盏灯火，更洋溢着浪漫的东方余韵。

DATA 地 Via Roma

主教堂Cattedrale

记录时代变迁的建筑

从维奇里亚市场往西走就会抵达主教堂，12世纪时由原本的伊斯兰清真寺增建而成，修筑工作持续了600多年，开着大门与拱廊（Portico）的教堂南侧，虽呈现加泰隆尼亚式的哥特风格，但其上繁复的装饰，仿佛是以石头来记载该城的时代变迁。

DATA 地Via Vittorio Emanuele 时周一至周六7:00~19:00，周日与假日7:30~13:30、16:00~19:00。

赏 皇宫Palazzo dei Normanni

内部装饰金碧辉煌

为本城重要建筑之一的皇宫，是12世纪时诺曼王朝的罗杰二世以伊斯兰教徒的防御碉堡改建而成的，一楼的帕拉蒂纳礼拜堂（Cappella Palatina）的木质天花板拥有以圣经为主题的金黄马赛克与阿拉伯风格装饰，二楼的皇家起居室（Appartmenti Reali），目前是西西里议会的所在地。附近有个巴拉洛市场（Balaro`），洋溢着最美丽的百姓生活色彩。

DATA 地Piazza dei Normanni 时周一至周六8:30~中午、14:00~17:00，周日8:30~14:00。

切法卢Cefalu'

紧邻大石"头"旁的美丽渔港

TRAVEL INFO

由巴勒莫的中央车站（Palermo Centrale）搭火车，约50分钟。

旅游服务中心

Corso Ruggero 77　0921 421050

www.cefalu–tour.pa.it

　　曾经先后被希腊、罗马、拜占庭、伊斯兰教徒占领过的切法卢，在希腊古语中是"头"的意思，因为这个小渔港的背后凸着一块头形巨岩。在12世纪时，被诺曼王朝的罗杰二世（Ruggero II）重新改造。虽然罗杰统治的时间不长，但其留下来的都市规划却延续至今，使切法卢成为一座充满中世纪严谨景观的古城。不过国王罗杰虽来自诺曼底，但原籍应是英国人，他想仿效拜占庭帝国的皇帝，却延揽希腊人为幕僚，招募非洲人为士兵，因此这个朝廷本身就是多元化的。漫步在顺着地势往下延伸的曲折小径，颇为轻松愉快。而在向海边延展的旧港区，古老的民宅面对着湛蓝大海，长长的沙滩是欣赏夕阳的好去处。

赏 主教堂Cattedrale

必赏天花板的优美马赛克

以罗杰大道（Corso Ruggero）从中切割，往东延伸到头形巨岩的山脚下，便是此城生活的中心——主教堂广场。四周围绕着不同时期的建筑，最醒目的主教堂于1131年由罗杰二世奠基，正立面的左右两边被开有单叶与双叶窗的大钟塔框住，上方砌出两层连续假拱廊。由三圆拱门厅进入内部，最精彩的部分是后殿的马赛克天花板，描绘的是被圣母、天使与门徒包围着，正在赐福的万能基督。

DATA 地 Piazza Duomo

赏 中世纪洗衣场Lavatoio Medievale

昔日水利工程的智慧结晶

往西平行分布的街道，地势向海边缓缓降低，顺着海岸线排列的民家巷弄中，隐藏着非常诗意的中世纪洗衣场，在薄伽丘的《世界山川》一书中，就已提到切法卢利用流经城镇的河川，将河水引来并辟成的洗衣场，直到几十年前都还在使用呢！

DATA 地 Via Vittorio Emanuele

赏 戴安娜神殿Tempio di Diana

位居小丘上的遗迹群

在切法卢的那颗头形巨石之上，留有拜占庭时期的教堂、面包坊等建筑，还有远古时期建造的戴安娜神殿（Tempio di Diana）等遗迹，是寻幽访胜的好去处。　　**DATA** 地 La Rocca

特拉帕尼Trapani

散发北非风情的盐之都

TRAVEL INFO

🚊 由巴勒莫中央车站搭火车前往特拉帕尼，车程约2小时10分钟。

旅游服务中心

🏠 Piazzetta Saturno   ☎ 0923 29000
🌐 www.apt.trapani.it

　　由伸入海中的刀尖形半岛发展而成，特拉帕尼的希腊古语便是"镰刀"之意。公元前243年被罗马人征服，后经拜占庭而落入阿拉伯人之手，伊斯兰教徒的统治也使得这座"盐之都"成为岛上最繁荣的城市之一。如今，从卡萨里切奥古城区（Casalicchio）中的曲折小径，还嗅得出淡淡的异国风情。其实西西里岛的西半部在远古时期是来自小亚细亚的腓尼基人的根据地，与希腊人所建立的殖民城市具有某种程度上的差异，特拉帕尼因此散发着一股非常特殊的北非风情。

不可不知

盐之路

由特拉帕尼的海边往南直到马沙拉（Marsala），这段绵延30千米的海岸布满盐田，就是西西里岛西岸非常著名的盐之路（Via del Sale），至今仍在产盐，还有一座位于盐田中的盐之博物馆（Museo Pepoli）。若想一览盐之路的迷人风情，可于特拉帕尼或马沙拉搭车前往。

DATA 盐之博物馆 🏠 Via Conte Agostino Pepoli 🕐 周二至周六9:00~13:30，周日与假日9:00~12:30。

赏 加里波第路Via Garibaldi
巴洛克建筑一条街

　　与海岸线平行的加里波第路原是13世纪的阿拉贡王朝领主所规划的新街，两侧还林立着17、18世纪的巴洛克建筑。土城堡（Castello di Terra）最早由腓尼基人所建，现为警察局，阿里宫（Palazzo d'Ali）则是当今市政府的所在地，伊特利亚圣母教堂（S.Maria d'Itria）建于17世纪，米罗宫（Palazzo Milo）目前是文化局办公室，而位于鱼市广场（Piazza Mercato del Pesce）上的半圆回廊傍海而建，黄昏时分可欣赏到迷人的日落景致。

DATA 地 Via Garibaldi

赏 维多利欧艾曼纽大道Corso Vittorio Emanuel
教堂林立的大道

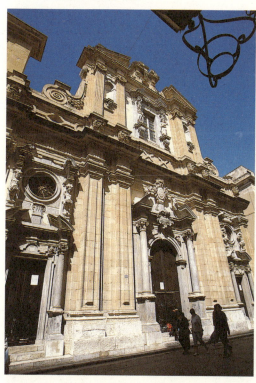

　　旧名大街的维多利欧艾曼纽大道，也是由阿拉贡王朝领主所建，沿路可欣赏到许多美丽的建筑，圣洛伦佐主教堂（Cattedrale di S.Lorenzo）内部有凡·戴克（Van Dyck）所画的耶稣钉上十字架。耶稣会修士学院与教堂（Chiesa e Collegio dei Gesuiti）建于17世纪，元老院宫（Palazzo Senatorio）是典型的特拉帕尼式的巴洛克建筑，圣奥古斯丁诺教堂（S.Agostino）是14世纪的西西里岛式的哥特风格建筑，位于一旁的则是优美的农神喷泉（Fontana di Saturno）。

DATA 地 Corso Vittorio Emanuel

埃里切Erice

因爱神而奠基的城市

TRAVEL INFO

🚌 在特拉帕尼（Trapani）火车站旁的马耳他广场（Piazza Malta）搭乘A.S.T.巴士，车程约1小时。

旅游服务中心
🏠 Viale Conte Agostino Popeli 11
☎ 932 869388

　　特洛伊城被攻破时，爱神之子艾涅亚斯（Enea）乘船流浪，传说他在此地为母亲建造了神殿，所以这座由难民艾利米人奠基的城市，就这么由"爱"发迹，迦太基人在此供奉他们的阿施塔特（Astarte），希腊人在此献祭他们的阿芙罗狄忒（Afrodite），后来的罗马人以国库的财力在此重建他们的英雄祖先最初所建立的埃里切的维纳斯（Venere Ericina）神殿，祈求这位在各族之间名称虽相异、却同是象征丰裕和爱的女神，能为这片土地带来繁荣。

　　13世纪时，来自诺曼底的诺曼王朝来到这处在当时早已没落的"爱神土地"，在它的旧卫城之上兴建了他们的城堡，因而为埃里切带来再次的复苏，所以今天的市容呈现中世纪的严谨风貌，三角形的城墙圈住窄小曲折的巷弄，小小的广场四周矗立着宁静的教堂，地面铺着的石板正在诉说着悠悠岁月。

母教堂 Chiesa Madre
该城的信仰中心

　　古城的心脏地带有一片翁贝托一世广场（Piazza Umberto I），由此沿着主要的维多利欧艾曼纽大道（Corso Vittorio Emanuele）往下走，就会到达献给升天圣母的母教堂。它也是本城的主教堂，建于1314年，正面哥特式的大门上方有扇美丽的玫瑰窗，旁边巨大的钟塔开着双叶窗，是1312年所立，当时亦作为瞭望台之用。

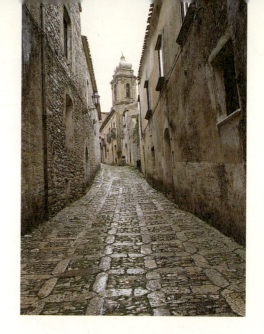

佩波利与维纳斯城堡
Castello Pepoli e Venere
宁静的世外桃源

　　埃里切的城区范围呈三角形分布，矗立于山头上的小城宁静得就像世外桃源。佩波利与维纳斯城堡就躲在其中一角。这是中世纪的诺曼王朝时期所建的防御系统，由堆垛式的高塔林立即可看出，过去这里曾是监狱与哨兵站的所在。

佩波利小塔 Torretta Pepoli
埃里切的地标建筑

　　位于悬崖上的佩波利小塔，是19世纪时建来当做打猎用的小行宫，今天已成为埃里切的代表地标。城堡前的空地，则被辟为了花木扶疏的巴利欧公园（Giardino del Balio）。

DATA 地 Via Conte Pepoli

153

阿格里真托Agrigento

优美的希腊古城

TRAVEL INFO

从巴勒莫的中央车站搭火车到阿格里真托中央车站（Agrigento Centrale），车程约2小时。

旅游服务中心
Via C. Battisti 15
0922 20454

公元前581年，在岛上杰拉（Gela）殖民的希腊人来此建立新的据点，虽曾遭到迦太基人的短暂占领，但影响并不大。一系列的大型神殿，在建城最初的两个世纪便沿着南侧断崖边线纷纷耸立起来，这是阿格里真托古城最辉煌的时期。公元前210年，古城被罗马人征服，带来大量拥有门厅、列柱中庭的庞贝式民宅建筑；不过随着帝国灭亡，蛮族入侵，居民放弃原本充满希腊古风的城市，迁往邻近的北部山区，这个先后被拜占庭、伊斯兰教徒、诺曼人，以及西班牙人统治的中古世纪山城，便成为今天阿格里真托的主要市区。而长达千年几无人烟的古城，悠悠的断柱残垣在不远处的碧蓝大海的陪衬之下，显得特别迷人。

神殿谷Valle dei Templi

重回希腊时代的光荣

阿格里真托古城所在地的神殿谷，被供车辆行驶的考古穿越道（Via Pass.Archeologica）从中分割，呈水平方向排列的神殿群也因此被分为两段：由东侧入口走进，依序为建于公元前6世纪、只剩八根立柱的海格力士神殿（Tempio di Ercole），然后是建于公元前5世纪、保存非常良好的多利斯式谐和女神神殿（Tempio della Concordia），最远端的朱诺神殿（Tempio di Giunone），也建于公元前5世纪，不过帝国时期曾加以整修，朱诺是天神宙斯之妻赫拉的罗马名。

由西侧入口进去有三处主要遗迹群：宙斯神殿（Tempio di Giove）虽也建于公元前5世纪，但却几乎只是一堆乱石，躺在地上的巨人柱也是赝品，真迹早已收进考古博物馆里，同时期的双子骨神殿（Tempio di Castore e Polluce）倒是还保有四根嵌着楣饰的立柱，虽然残缺却很具意境，因而成为神殿谷的代表性地标，至于供奉大地之母德墨忒尔与其女珀尔塞福涅的Santuario delle Divinita` Ctonie圣所，只剩地基式的结构供人凭吊。

阿格里真托近郊顺游

农庄别墅 Villa del Casale
马赛克的极致表现

3世纪末到4世纪初，在西西里岛内陆殖民的罗马人盖了这幢豪华的庄园。整个建筑结构包括完整的卫浴设备，也就是由冷水浴、温水浴、热水浴、按摩室与运动场组成的私人浴场。连着拥有半圆式后殿豪华餐室（Triclinium）的门厅（Atrio）与两侧开满系列小起居室的多柱式中庭（Peristilio），是南意典型的罗马之家格局，甚至在外围还有专门的水道系统（Acquedotto）。

4～5世纪，是这幢庞大农庄最辉煌的岁月，一直到12世纪为止，这里都有人居住，后来被洪水淹没，在淤泥中沉睡达7个世纪之久。1950～1960年之间，在有系统的考古挖掘下，"农庄别墅"再次现身，并让世人因它的华美而惊叹不已。

别墅内部的地板，仿佛是一本没有文字的图画书，而且是以镶嵌的手法来完成的，走在目前出土的60处房间里，可浏览广达3500平方米的"扉页"，根本无须额外的说明，就很震撼人心，回廊的大狩猎、澡堂的各种海精灵、餐厅的神话英雄、寝室的性爱画面，还有最经典的"比基尼女孩"——10名穿着清凉的两截式运动服的女子，可谓至今古典时尚所绝无仅有的！

DATA

从阿格里真托（Agrigento）搭约1个半小时的火车到Caltanisetta车站，再换长途巴士前往阿尔梅里亚广场（Piazza Armerina，城市名）。在阿尔梅里亚广场有市政厅提供的巴士前往农庄别墅，但只在夏天才营运。若想前往最好自驾车，或是搭出租车，农庄别墅距离阿尔梅里亚广场约5千米。

旅游服务中心

0935 680036　农庄别墅8:00~18:30开放

拉古萨Ragusa
西西里巴洛克的典型

TRAVEL INFO

拉古萨算是西西里东南山区支线的大站之一，由锡拉库萨（Siracusa）搭火车前来，车程约2小时。

旅游服务中心
Via Cap Bocchieri 33 电 0932 221511
网 www.ragusaturismo.com

　　1693年发生的大地震，范围遍及整个西西里岛的东半部，展开重建工作时正值巴洛克风潮的晚期，因此在这片西西里岛的东南边陲地带，发展出独树一格的建筑美学，在这里的峭岩绝壁间，贫瘠的山头上经常立着孤绝美丽的小城，教人惊艳不已！阿拉伯人占领时期，把此区划为诺托谷地（Val di Noto），由于这些山城展现着极为特殊的曼妙风格，所以又被称为巴洛克诺托谷地。

　　昔日身为诺托谷地首府的拉古萨，也是一座古老之城，3000年前由土著西库利人兴建，历经希腊与罗马殖民之后，拜占庭帝国时期还修筑了厚实的城墙。1100年来自诺曼底的诺曼王朝从伊斯兰教徒手中夺回此城，原籍法国的奇拉蒙特家族（Chiaramonte）便成为此地势力最庞大的封建领

主。不过在西班牙人统治期间，拉古萨被置于了邻城莫迪卡的附属之下。

　　因为地形的关系，拉古萨依着"伊布拉山群列"的高度分为两个市中心发展：高约600米、道路呈棋盘格状的拉古萨新区与高约500米、曲折蜿蜒的伊布拉旧区，两者原本各自独立，直到1926年才联合成城市，这也是此地为何会有两座主教堂同时存在的原因。

赏 圣施洗约翰主教堂Cattedrale di S.Giovanni Battista
造型优美的教堂

　　位于拉古萨新区（Visitando Ragusa）市中心的圣施洗约翰主教堂，建于18世纪中叶，正立面中央大门饰以圣母与圣婴、福音传播者圣约翰与施洗约翰等美丽的雕像，左侧立着一座高耸的钟塔，内部则以拉古萨当地特殊的含沥青石雕成的长柱区分为三道长廊。

DATA 地 Via Roma 134 时 7:30~12:00，16:00~19:30

赏 阶梯上的圣母教堂Santa Maria delle Scale
位于新旧两区的中点

拉古萨新旧两区之间以340级阶梯相连，位于交界处的便是阶梯上的圣母教堂，14世纪时把原本由诺曼底的诺曼王朝所建的旧教堂整修成了哥特风格，今天所见则是1693年大地震后重建的模样。

DATA 地 Santa Maria delle Scale

赏 伊布拉旧区Ibla
新古典式样的市容

位于本区市中心的圣乔治主教堂（Duomo di S.Giorgio）矗立于陡峭的阶梯上方，位于原址的圣尼科洛教堂于1693年的地震中全毁，因此由擅长西西里式巴洛克的大师加格里亚迪（Gagliardi）在1739年重建，直到1775年才完成。雄伟的教堂正立面分为三层，中央部分由三根一组的柯林斯长柱突显出活泼的圆滑弧面；超过40米高的大圆顶，则是新古典风格，也是此城最具代表性的地标。教堂内部装饰着一系列不同时期的油画，还有来自北意贝加莫（Bergamo）的塞拉席（Serassi）于1881年设计的管风琴。

DATA 地 Piazza Duomo

莫迪卡Modica

西西里的甜点王国

TRAVEL INFO

莫迪卡就在拉古萨的附近，搭火车约20分钟即可抵达。

旅游服务中心
Via Castello 23
0932 752897

亦是由土著西库利人所建，后来为希腊殖民地的莫迪卡，由于位居两条如今已干涸的河流交汇处尖端，被河水凿成嶙峋险峻的谷地，使得罗马人费尽气力才将其征服。在拜占庭与北非摩尔人统治期间，发展成为中古世纪岛上非常重要的农商中心，后来阿拉贡王朝的彼得一世把此地定为他的侯国首都，在继任的奇拉蒙特（Chiaramonte）与卡布雷拉（Cabrera）两家族治下，此城甚至成为"王国中的王国"！不受到真正国王的干扰，莫迪卡是当时西西里岛最闪亮的封建宫廷之一，不过最后的恩里克斯（Henriquez）家族却长期住在西班牙，只把此地当成剥夺的对象，好维持其在家乡的豪奢生活。1693年的大地震，令莫迪卡几乎夷为平地，18世纪的重建，虽然使它改头换面成为经典的西西里岛式巴洛克城市，但是这里的农业也没有因此衰败下来，除了橄榄油、奶酪、樱桃小蕃茄等农产品之外，就数这里的甜点最教人难忘。

赏 翁贝托一世大道Corso Umberto I
下城最热闹的区域

　　莫迪卡傍山而建，有上城（Modica Alta）与下城（Modica Bassa）之分。下城最主要的翁贝托一世大道两旁尽是装饰着神话怪物雕像的美丽建筑，例如位于东侧的格里玛迪宫（Palazzo Grimaldi）、德国人宫殿（Palazzo Tedeschi）、玛内提宫（Palazzo Manenti），西侧的坎纳达宫（Palazzo Cannata）、加里波第剧院（Teatro Garibaldi）等。圣彼得教堂（S.Pierto）矗立在巴洛克阶梯

上方，装饰着耶稣十二门徒的雕像群，1693年的大地震后，于原建于14世纪的旧教堂原址上重建，内部拥有极为丰富的油画与雕刻作品。

DATA 地 Corso Umberto I

不可不知

莫迪卡的必尝甜点

莫迪卡的甜点种类繁多，其中最特别的，就是叫做impanatigghi的意大利饺子状甜点，烤成酥脆的面皮外层，包着由杏仁、巧克力、肉桂和蔬菜或鱼、肉组成的内馅。在翁贝托一世大道（Corso Umberto I）上有家开张于1935年的里札古老甜点店（Antica Dolceria Rizza），拥有琳琅满目的巧克力、甜酒、咖啡、手工糕点等，值得一逛。

DATA
里札古老甜点店
地 Corso Umberto I, 268 电 0932 905168
网 www.anticadolceriarizza.it

赏 圣乔治主教堂Duomo di S.Giorgio
建筑大师的杰作

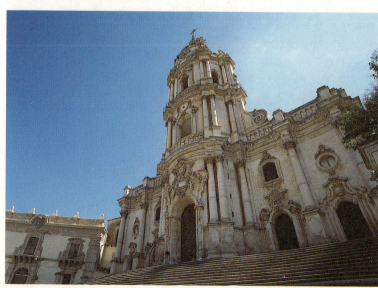

　　上城最显眼的地标圣乔治主教堂（Duomo di S.Giorgio）位于254级曲折阶梯的顶端，地震过后，在18世纪初时由卡布雷拉公爵（Cabrera）下令重建，正立面呈现典型的西西里岛式的巴洛克圆弧，因此亦被归为大师加格里亚迪的杰作。隔壁的波拉拉宫（Palazzo Polara），已由主人赠与市政府。

DATA 地 Duomo di S.Giorgio

锡拉库萨Siracusa

阿基米德的故乡

TRAVEL INFO

锡拉库萨位于西西里岛东岸的铁道主干线最南端，从卡塔尼亚中央车站（Catania Centrale）出发，约1小时20分钟的车程。

旅游服务中心

地 Via S. Sebastiano 43–45　电 0931 461477

网 www.apt–siracusa.it

公元前734年，来自柯林斯的希腊人在此建立殖民地，后来他们转往西西里本土发展。公元前5世纪，由于内部的社会阶层之争，导致此城落入来自杰拉（Gela）的独裁者杰隆内（Gelone）手中，他将锡拉库萨定为首都，同时排除了迦太基人在西西里岛东南的势力发展，在一连串继任的专制君主统治之下，它的国力甚至可与雅典相抗衡！

1955年，为了把锡拉库萨所有的远古史迹结合起来，因此规划了这片辽阔的考古园区，也就是所谓的"希腊城"（Citta'Greca），与东南端以中世纪和巴洛克为主的奥提伽岛之间，隔着新颖的现代市区。

赏 主教堂广场Piazza Duomo

市井生活的重心区

突出于大海中的奥提伽（Ortigia）区，市民生活的中心就从主教堂广场（Piazza Duomo）开展，西侧是元老院宫（Palazzo del Senato），目前为市政府所在地，以及建于1728~1753年之间、结合主教宫（Palazzo dell'Arcivescovo）的庞大主教堂建筑群，最初是公元前6世纪的神殿，经历了教堂与清真寺的更替之后，最后华丽的巴洛克风格胜出。东侧则是建于1779年、波旁王朝的费尔迪南多国王曾住过的本内维塔诺·德·波斯宫（Palazzo Beneventano del Bosco），以及博尔吉亚宫（Palazzo Borgia）。

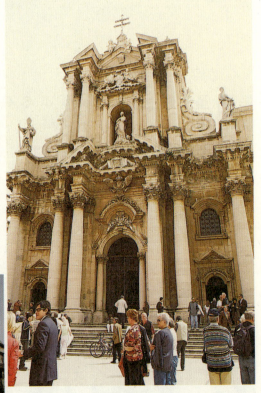

DATA 地 Piazza Duomo

尼亚波利考古园区L'area archeologica della Neapolis

怪石林立的历史现场

这片考古园区内最具代表性的地标，便是建于公元前5世纪的希腊剧场（Teatro Greco），这也是西西里岛上最大的一座，直径超过138米，而紧邻这个半圆形古剧场的大型天堂采石场（Latomia del Paradiso），就像魔鬼的居住地般，到处都是被锯掉石块后的奇怪洞穴，据说这里还曾在好几个世纪里充当监狱。

DATA 地Viale Paradiso 时9:00~17:00

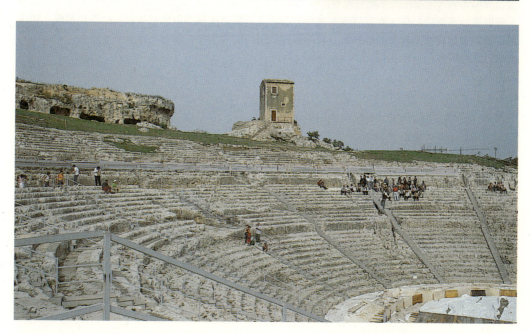

不可不知

发现浮力定律的阿基米德

阿基米德于公元前287年的大希腊帝国时期诞生于锡拉库萨，关于他最有名的传说，便是当时的统治者希耶隆二世怀疑金匠把铸造王冠用的黄金偷工减料，用白银取代，因此国王便请表弟阿基米德来解答疑惑。他想了几天没有结果，却在跳入澡盆时看见溢出的水，灵机一动推论出物体会依体积与密度不同而排出不同的水量，如此便可解决王冠的问题，因而兴奋地赤身裸体跑回家中，大喊："我发现了！我发现了！"这句话成为他的经典名言。

后来他将这个发现归结成浮力定律，并写在他的《论浮体》里，为流体静力学建立了基本的原理。

卡塔尼亚Catania

埃特纳火山下的强韧大城

TRAVEL INFO

🚆 从巴勒莫中央车站搭火车到卡塔尼亚中央车站（Catania Centrale），车程约3小时30分钟。

旅游服务中心

🏠 Via Comarosa 10　📞 095 7306211
🌐 www.apt.catania.it

西西里仅次于首府巴勒莫的第二大城，在公元前729年由希腊人奠基之后，多次遭到火山的摧毁，1693年的大地震还几乎把它夷平！不过也因此才能使得大建筑师瓦卡瑞尼（Vaccarini）在18世纪时重新获得空间来大肆挥洒他的才华，在教皇国都的建筑师贝尼尼虽曾给他不少灵感，但卡塔尼亚的教堂拥有特殊的凹凸曲线，利用黑色的火山岩为建材，却画出该城异于罗马、最玲珑有致的巴洛克市容。

主教堂广场Piazza Duomo

感受鲜活的生活脉动

位于卡塔尼亚纵横两条大动脉埃特纳大道（Via Etna）与维多利欧艾曼纽二世大道（Via Vittorio Emanuele II）的交叉点上的主教堂广场，是该城市民的生活重心，四周围绕着多幢巴洛克式的建筑。位于广场东侧的主教堂（Duomo），是献给卡塔尼亚的守护神圣亚加塔（Sant'Agata）的庞大圣殿，在1693年的地震后由瓦卡瑞尼重建，内部长眠着卡塔尼亚最伟大的音乐家贝里尼（Vincenzo Bellini）。南侧在宗教博物馆（Museo Diocesano）旁的是建于1696年，连接港区的乌泽达城门（Porta Uzeda）。西侧分别为萨马蒂诺（Palazzo Sammartino）和札巴拉（Palazzo Zappala`）两座宫殿。北侧则是又称为大象宫（Palazzo degli Elefanti）的市政府，与广场中央由瓦卡瑞尼于1736年用整块火山岩雕成的大象喷泉（Fontana dell'Elefante）相互辉映。

DATA 🏠 Piazza Duomo

 ## 鱼市场Pescheria

充满活力的热闹市集

　　造访本城最不能错过的景点就是鱼市场，它的位置很奇特，就在主教堂广场旁、神学院（Seminario dei Chierici）的后面，粗犷的讨海人此起彼落的叫卖声、在其中"打游击战"卖香菜的年轻男孩，交织成卡塔尼亚最活泼生动的画面。

DATA 地 Via Garibaldi

 ## 埃特纳大道Via Etna

气氛轻松的去处

　　大道起始处的大学广场（Piazza dell'Universita`）西侧，耸立着庞大的大学大楼（Palazzo dell'Universita），重建于1696年，亦是巴洛克大师瓦卡瑞尼的杰作，由此往北迤逦的宽阔大道，正是此城主要的纵向道路。接近市区的南段，古建筑较多，西侧的教团（Collegiata）与明诺利提（Minoriti）两座教堂，于1693年大地震后都重建过，在大道北段，则是绿意盎然的公园。

DATA 地 Via Etna

不可不知

埃特纳活火山

埃特纳（Etna）火山位于西西里岛的东边，是欧洲最大的活火山，每年吸引几千名游客上山探访，可在1800米高的知识庇护所（Rifugio Sapienza）搭缆车上山，再换吉普车探访火山口。

陶尔米纳Taormina

小巧可爱的度假城

TRAVEL INFO

🚇 从卡塔尼亚中央车站搭火车，车程约40分钟。

旅游服务中心

🏢 Piazza S. Caterina, Palazzo Corvaja
📞 0942 23243
🌐 www.gate2taormina.com

　　每年4～10月之间，陶尔米纳都会被淹没在游客潮里。或许是这里宜人的气候使然，然而这座于山腰平台上发展起来的小城，却因地理位置的关系，拥有绝佳的景观。最初的莫基者是土著西库利人，后来又历经希腊殖民与罗马统治，今天的主要市容则是典型的中世纪山城模式。不过东西狭长的陶尔米纳还有一个加分的优点，那就是地处极西端的古希腊剧场，在意大利有很多希腊罗马的遗迹，不是被包围在后来发展的新市区里，就是远远地隔离在郊外，但陶尔米纳的考古园区既独立，又和小巧的市中心连成一气，在曲折的窄巷中钻烦了，就可马上转移阵地，到宽阔的废墟里感受豪气的古意。

赏 👀 翁贝托一世大道Corso Umberto I
度假小镇的市中心

　　横贯市区的翁贝托一世大道，东西的起止点分别为墨西拿门（Porta Messina）与卡塔尼亚门（Porta Catania），中间还有座中间门（Porta di Mezzo），主要的景点就沿着大道两侧分布，加上色彩缤纷的店家参差其中，因此经常挤满人潮。

DATA 🏢 Corso Umberto I

赏 👀 主教堂Duomo
外观朴实的信仰中心

　　离该城西侧出口很近，献给"巴里的圣尼科洛"（S. Nicolò di Bari）的主教堂始建于13世纪，堆垛式的正立面开着小小的玫瑰窗，17世纪完成的大门装饰着一系列圆形章纹，前方广场的中央立着一座巴洛克式的喷泉。隔着大道与教堂相对的陪审团大楼（Palazzo dei Giurati），目前是市政府所在地。

DATA 🏢 Piazza Duomo

剧场Teatro Greco

罗马帝国的遗迹

要进入希腊遗迹之前，会先经过15世纪时由塔改建而成的科瓦亚宫（Palazzo Corvaja），堆垛式的外观嵌着以石灰岩和火山熔岩镶边的两叶窗。

建于公元前3世纪大希腊帝国时期的剧场（Teatro Greco），是西西里岛上仅次于锡拉库萨的第二大该类建筑，而且已成为此岛的著名地标之一。公元前2世纪，罗马人把它重新整修，当做竞技场之用；剧场的直径达109米，半圆形的座位区可容纳5000名观众，原本舞台的背面筑有壁龛与长柱装饰的墙，如今已颓败不复见了。

DATA 地 Via Teatro Greco

旅游锦囊

▶▶ 实用资讯篇

■签证

一、所需证件：

1. 一张申请短期签证的表格（须用英文或意大利文填写完整并签名并贴上一张近期照片）
2. 护照（其有效期在签证到期前90天有效），并复印所有签证记录。
3. 旅行日程安排
4. 饭店预订
5. 往返飞机票预订单
6. 资金证明：（旅行支票、国际通用信用卡等）
7. 旅行期间的医疗保险证明
8. 本人户口
9. 申请人在职及准假证明（在职员工）：中国公司的英文信函，用抬头纸，带公司公章和有签发证明信的负责人的签名；公司地址；申请人职位；薪水；在意大利逗留期限；到达和离开日期；担保返回中国。

二、申请地点：

1.意大利驻华大使馆或领事馆

意大利共和国驻中华人民共和国大使馆

地址：北京三里屯东二街2号　　　电话：010 65322131/2/3/4　　　传真：010 65324676

意大利共和国驻广州总领馆（主管广东省、福建省、广西壮族自治区、海南省居民的签证业务）

地址：广州市天河北路233号，天河区，中信广场5207–08室

电话：020 38770556–7–8–9　　　传真：020 38770270

意大利共和国驻上海总领馆（主管上海市、浙江省、安徽省和江苏省居民的签证业务）

地址：上海市淮海中路1375号启花大厦11层A–B室

电话：021 64716980　　　传真：021 64716977

2.北京意大利签证申请中心（非港澳台居民）

地址：北京市东城区东直门外大街48号东方银座写字楼10层A–B室

电话：400 820 0557

工作时间：周一至周五8：00~19：00（法定假日除外）

收费标准：人民币180元

三、签证费用：人民币542元（60欧元，每三个月随汇率调整一次），6岁以下儿童免费申请。

1分	2分	5分	10分
20分	50分	1欧元	2欧元

■ **货币**：意大利使用的货币为欧元（Euro），分为纸钞与硬币。纸钞面额有500、200、100、50、20、10、5欧元七种，硬币有2欧元、1欧元、50分、20分、10分、5分、2分、1分八种。

■ **气候与服装**：意大利属于地中海型气候，夏天干燥炎热，冬天多雨但不算寒冷，因此在夏季前往旅游时，最好是穿着吸汗且透气性良好的棉质衣服，冬季则需准备一件防雨御寒的外套。由于意大利许多城市的老市区多为石板路且地势起伏，穿一双便于走路的鞋是必要的。

■ **电话**：在意大利打电话，不管是国际、国内长途或市内电话，都要拨打当地区码。

从罗马打米兰　米兰区号02＋电话号码。

从中国打意大利　国际冠码（002、006……）＋意大利国码39＋区号（0不去掉）＋电话号码。

从意大利打中国　国际冠码00＋中国国码886＋区号（0要去掉）＋电话号码。

■ **邮政**：意大利的邮政效率不是很高，寄明信片回国内，所需时间从一周到一个月都有可能。邮票在邮局（Posta）与烟草铺（Tabacchi）都可以买到，在意大利寄明信片到海外邮资为0.75欧元。蓝色邮筒专寄欧盟国家，红色邮筒有两个投邮孔，"per la citta`"是市区邮件、"per tutte le alter destinazioni"则是市区以外的所有地方。

■ **电压**：意大利的电压是220伏特，如果电器上电压标示为100～240伏特就不需要使用变压器，请先查看清楚。意大利的插座是圆孔，有二孔和三孔，记得带转接的插头。

■ **公厕**：大城市的火车站内都有公厕，但大多要收费，从0.8欧元到1欧元都有。小城的火车站也有公厕，经常都在第一月台，是免费的。观光大景点大部分会设公厕，只要跟着"toilette"的指示标志走就可找到，有些要收费，有些则免费。博物馆内都有厕所，通常是免费的。咖啡馆和Bar通常也会有厕所，有些会上锁，必须跟柜台借钥匙，但最好先在此消费。

▶▶ 交通篇

■ 从中国出发的航班信息

目前，我国的北京、上海、广州、深圳、成都、台湾、香港等省市都有班机直飞意大利的罗马或米兰。各航空公司的票价不一，建议提前多作比较，才可获得比较实惠的价格。

■ 从机场至市区交通

罗马的费米奇诺（Fiumicion）机场有火车直达罗马的特米尼车站（Stazione Termini）和提布提纳车站（Stazione Tiburtina）；米兰的马尔本萨（Malpensa）机场有Shuttle Bus连接米兰的中央车站（Stazione Centrale）、快速火车直通市区的卡多纳火车站（Stazione Cardona）；威尼斯的马可·波罗（Marco Polo）机场有巴士到梅斯特雷火车站（Stazione Mestre），或是汽船（Alilaguna）直接到潟湖区的圣马可站（San Marco）；巴勒莫的Falcone e Borsellino机场有Trinacria Express直通巴勒莫火车站。

■ 火车

意大利国铁（Ferrovie dello Stato，简称FS）的火车共分为以下9种：

车　种	说　　明
ES	意大利的欧洲之星（Eurostar），为最快车，只停主要大站，一般都强迫预约座位。
CIS	专门行驶于北意阿尔卑斯山区的特快车。
EC	欧洲城市火车（EuroCity），白天行驶的国际快车。
EN	欧洲夜车（EuroNight），夜间行驶的国际快车。
IC	城市之间快车（InterCity），行驶于意大利境内各大城市之间的快车。
ICN	城市夜快车（InterCity Notte），行驶于意大利境内各大城市之间的夜车。
EX	快车（Espresso）。
IR	区与区之间的快车（Interregionali）。
Reg	区内慢车（Regionali），几乎每站都停。

意大利国铁就里程数与价格来算，是经济实惠的交通工具，而且路线分布很广，中等以上的城市都有火车线通过，非常便利。夜间卧铺火车要先预订，有两人床位（carrozze letti）与四人床位（carrozze cuccette）之分。12~26岁可以办绿卡（Carta Verde）、60岁以上可以办银卡（Carta D'Argento），可享受九折优惠。还有经常性的特殊折扣，如两人同行、一人免费，可事先上意大利国铁网站www.trnitalia.it查询。

意大利单国火车通行证（Trenitalia Pass）

票　种	个人票	2~5人同行票
2月任选3天	150欧元	127欧元
2月任选4天	166欧元	141欧元
2月任选5天	185欧元	158欧元
2月任选6天	203欧元	172欧元
2月任选7天	220欧元	187欧元
2月任选8天	239欧元	204欧元
2月任选9天	257欧元	218欧元
2月任选10天	274欧元	233欧元

※ 以上为成人二等舱价格，有效期限至2009年4月。

此外，非欧盟国家旅客也可视需要购买火车通行证，有意大利单国、双国、多国火车通行证可供选择。

■地铁、路面电车、公交车、出租车信息

意大利的地铁票通常以次数计算，公交车票则是根据时间（60~70分钟）不限次搭乘。罗马的地铁只有两条线，公交车路线却四通八达，还有几条街车（路面电车），可以依据个人所需购买1~7日有效票，大众运输系统皆可搭乘。米兰的地铁有三条线，公交车与街车的路线不少，可以购买1日有效票或是10次票，比较划算。威尼斯则是以公共汽船为主，单趟的票价非常昂贵，建议依据个人所需，购买12、24、36、48、72小时有效票，可以无限次搭乘。佛罗伦萨的市中心是电动小公交车，票价与一般公交车相同。至于出租车，各地都有专门的招呼站，并非随叫随停，请用电话叫车，而且车价是从出租车出发来载客就开始计算的。

▶▶ 住宿篇

■星级饭店

意大利的旅馆分一～五星，通常住宿都会含大陆式早餐，有些二星的小旅馆其实就很干净，三星以上的会提供吹风机，四星以上的则提供保险箱与小冰箱。有些厕所在外面的房间价格会比较便宜，房间内的浴室也有淋浴与浴缸之分，价格也会不同。

■古堡饭店

这一类的旅馆在意大利并不多，不过在罗马的近郊倒是有一些由过去的贵族别墅改成的高级旅馆，装潢金碧辉煌又古色古香，收费当然也很高。

■商务旅馆

这类旅馆设备较新颖现代，经常还会有大型会议室，房间内也都有网线插口，以米兰居多，其他城市也有，但大多位于郊区。

■民宿

托斯卡纳（Toscana）的酒庄与翁布里亚（Umbria）的农庄，都是体验意大利民情的好地方，不过都位于偏远乡间，必须开车前往。大城市和南意则有不少B＆B和家庭式小旅馆，除了早餐之外，有些还提供午、晚餐的服务，和房主人共享客厅与厨房，可感受意大利人日常生活的面貌。

■青年旅舍

对于背包客而言，青年旅舍在价格上是个很好的选择，通常一晚平均在30～35欧元左右，意大利各个大城市也有不少青年旅舍，不过有些并不在市区，可能得利用大众运输系统才能抵达，可上www.hostels.com网站查询。

■如何预订住宿

大城市的火车站旅游服务中心可以领取旅馆的相关资料，有些还提供代订房间的服务。如果事先在网络上预订，通常需填写信用卡数据，若不入住又没有在规定的时间内取消订房，将会被收取罚金。订房网站可参考it.venere.com。

责任编辑：高　瑞　gaorui0402@vip.sina.com
　　　　　朱轶佳　neverland1220@hotmail.com
责任印制：冯冬青

图书在版编目（CIP）数据

意大利玩全指南 / 林玉绪著. --北京：中国旅游
出版社，2009.5（2012.4重印）
ISBN 978-7-5032-3769-0

Ⅰ．①意… Ⅱ．①林… Ⅲ．①旅游指南 —意大利
Ⅳ．①K954.69

中国版本图书馆CIP数据核字（2009）第056140号

北京市版权局著作权合同登记号：01-2008-5477

书　　名：	意大利玩全指南
作　　者：	林玉绪
出版发行：	中国旅游出版社
	（北京建国门内大街甲9号　邮编：100005）
	http://www.cttp.net.cn　E-mail:cttp@cnta.gov.cn
	营销中心电话：010-85166503
制　　版：	北京宏盛建业图文制作有限公司
经　　销：	全国各地新华书店
印　　刷：	北京翔利印刷有限公司
版　　次：	2009年5月第1版　2012年4月第3次印刷
开　　本：	720毫米×970毫米　1/16
印　　张：	10.75
字　　数：	170千
定　　价：	29.00元

ISBN 978-7-5032-3769-0